Rhonda Byrne

Le Secret

UN MONDE ✦ DIFFÉRENT

Catalogage avant publication de Bibliothèque et Archives nationales du Québec
et Bibliothèque et Archives Canada

Byrne, Rhonda

    Le secret
    (Collection Motivation et épanouissement personnel)
    Traduction de : The secret.
    Comprend des réf. bibliogr.

    ISBN 978-2-89225-644-4
    1. Succès - Aspect psychologique. 2. Actualisation de soi. 3. Bonheur. I. Titre. II.
Collection.

    BF637.S8B9714 2007   158.1   C2007-940506-1

Adresse municipale :
Les éditions Un monde différent
3905, rue Isabelle, Brossard, bureau 101
(Québec) Canada J4Y 2R2
Tél. : 450 656-2660
Site Internet : www.unmondedifferent.com
Courriel : info@umd.ca

Adresse postale :
Les éditions Un monde différent
C. P. 51546, Succ. Galeries Taschereau
Greenfield Park (Québec)
J4V 3N8
Téléc. : 450 659-9328

Cet ouvrage a été publié en langue anglaise sous le titre original :
THE SECRET
This edition published by arrangements with the original publisher,
Atria Books/Beyond Words, an Imprint of Simon & Schuster, Inc.
New York

Dépôts légaux : 2e trimestre 2007
Bibliothèque nationale du Québec
Bibliothèque nationale du Canada
Bibliothèque nationale de France

Conception graphique de la couverture : GOZER MEDIA P/L (AUSTRALIA)
Réalisation graphique de la couverture française et mise en pages : OLIVIER LASSER
Version française : JOCELYNE ROY

Typographie : Cochin corps 12 sur 14,5

ISBN 978-2-89225-644-4
EAN 9782892256444
(Édition originale : ISBN 978-1-58270-170-7, New York, NY)

*Nous reconnaissons l'aide financière du gouvernement du Canada par l'entremise du Programme
d'aide au développement de l'industrie de l'édition pour nos activités d'édition (PADIÉ).*

Gouvernement du Québec – Programme de crédit d'impôt pour l'édition de livres – Gestion SODEC.

Imprimé au Canada

« Il en est de même en haut comme en bas.
À l'intérieur comme à l'extérieur. »

— *La Table d'émeraude*, environ 3000 av. J.-C.

C'est à Vous que je dédie ce livre.

*Puisse Le Secret vous apporter amour
et joie pendant toute votre vie.*

*Telle est mon intention pour vous,
et pour le monde.*

Table des matières

Avant-propos

Il y a un an, ma vie s'est effondrée. Je souffrais d'épuisement professionnel, mon père est décédé subitement, et mes relations avec mes collègues et les êtres qui me sont chers étaient tumultueuses. À cette époque, j'ignorais que c'est de cet immense désespoir qu'allait naître le plus grand des bonheurs.

C'est à cette époque que j'ai eu un aperçu d'un Grand Secret – Le Secret de la vie. J'ai fait cette découverte dans un ouvrage vieux de cent ans qui m'avait été offert par ma fille Hayley. J'ai alors commencé à suivre sa trace à travers l'histoire. Je n'arrivais pas à croire qu'autant de gens l'avaient connu. Il s'agissait des plus grands : Platon, William Shakespeare, Isaac Newton, Victor Hugo, Ludwig van Beethoven, Abraham Lincoln, Ralph Waldo Emerson, Thomas Edison, Albert Einstein.

Incrédule, je me suis demandé : « *Comment se fait-il que tout le monde ne sache pas cela ?* » Un désir brûlant de partager Le Secret avec le monde entier s'est alors mis à me consumer, et je me suis lancée à la recherche de mes contemporains qui connaissaient Le Secret.

Ils ont émergé un à un. Je suis devenue comme un aimant : dès le début de mes recherches, les grands maîtres de la vie ont, l'un après l'autre, été conduits vers moi. Chaque fois que je découvrais un professeur, celui-ci me conduisait au suivant, à un autre maillon d'une chaîne parfaite. Si je m'engageais sur la mauvaise voie, il se trouvait quelque chose pour attirer mon attention, et cette diversion me conduisait vers un autre grand maître. Si je cliquais « accidentellement » sur le mauvais lien lors d'une recherche sur le Web, j'étais dirigée vers un renseignement d'une importance capitale. En l'espace de seulement quelques semaines, j'avais réussi à retracer Le Secret à travers les siècles et j'avais découvert ses praticiens des temps modernes.

L'idée de transmettre Le Secret au monde dans un film s'est imposée dans mon esprit, et pendant les deux mois qui ont suivi, mon équipe de production cinématographique et télévisuelle a pris connaissance du Secret. Il était impératif que chaque membre de l'équipe le connaisse, car ce que nous étions sur le point d'entreprendre n'aurait pu voir le jour sans cette connaissance.

Aucun professeur ne s'était encore engagé à participer au tournage, mais nous connaissions *Le Secret*, et c'est donc habitée d'une foi inébranlable que j'ai quitté l'Australie et me suis envolée à destination des États-Unis où vivaient la majorité des professeurs. Sept semaines plus tard, après avoir sillonné le pays, mon équipe avait filmé 55 des plus grands maîtres, un tournage de plus de 120 heures. D'une étape à l'autre, d'une respiration à l'autre, nous avons appliqué Le

Secret pour créer un film intitulé *Le Secret*. Nous avions l'impression d'être sous l'effet d'un champ magnétique, car nous avons littéralement attiré tout et tous à nous. Huit mois plus tard, *Le Secret* était lancé.

À mesure que le film faisait le tour du monde, les histoires de miracles se sont multipliées : des gens nous ont écrit pour nous dire qu'ils ne souffraient plus de douleur chronique, de dépression ou d'une autre maladie ; qu'ils marchaient de nouveau après un accident ; et certains s'étaient même relevés de leur lit de mort. Nous avons reçu des milliers de témoignages de gens qui ont utilisé Le Secret pour générer de grosses sommes d'argent et faire apparaître des chèques inattendus dans leur boîte aux lettres. De gens qui ont utilisé Le Secret pour matérialiser dans leur vie la maison idéale, un conjoint, des voitures, des emplois, des promotions, sans compter les nombreux cas d'entreprises qui ont été transformées en l'espace de quelques jours après avoir mis en application Le Secret. Nous avons reçu des récits qui réchauffent le cœur après que des relations houleuses impliquant des enfants ont retrouvé l'harmonie.

Parmi ces histoires, les plus magnifiques ont souvent été celles d'enfants qui avaient utilisé Le Secret pour attirer dans leur vie ce qu'ils désiraient, incluant de bons résultats scolaires et des amis. Le Secret a inspiré des médecins à partager leurs connaissances avec leurs patients, des universités et des écoles avec leurs étudiants, des églises de diverses confessions et des centres spirituels avec leurs fidèles. Des réunions du Secret sont organisées dans des foyers partout dans le monde et les gens partagent cette connaissance avec les membres de leurs familles et les êtres qui leur sont chers. Le Secret a été utilisé pour attirer toutes sortes de choses – d'une plume d'oiseau spécifique à dix millions de dollars. Tout ceci s'est produit dans les quelques mois qui ont suivi la sortie du film.

En créant *Le Secret*, je voulais – et je veux toujours – apporter la joie à des milliards de gens partout sur la planète. L'équipe du Secret constate chaque jour la concrétisation de mon intention, alors que nous recevons des milliers de lettres de gens de tous pays, de tous âges, de toutes races, et de toutes nationalités, qui expriment leur gratitude devant la joie que leur procure Le Secret. Il n'y a pas une seule chose que vous ne puissiez faire avec cette connaissance. Peu importe qui vous êtes ou l'endroit où vous vivez, Le Secret peut vous donner tout ce que vous voulez.

Vingt-quatre merveilleux professeurs sont présentés dans cet ouvrage. Leurs mots ont été filmés un peu partout aux États-Unis, à des moments différents, mais ils parlent cependant tous d'une même voix. Cet ouvrage renferme les mots des professeurs du Secret, et il relate aussi des récits miraculeux du Secret en pleine action. Je partage avec vous tous les sentiers balisés, les conseils et les raccourcis que j'ai trouvés de manière à ce que vous puissiez vivre la vie de vos rêves.

Vous constaterez au fil de votre lecture que j'écris parfois le mot « Vous » avec une majuscule. Si je le fais, c'est que je veux que vous, le lecteur ou la lectrice, sentiez et sachiez que j'ai créé ce livre pour vous. Je m'adresse à vous personnellement lorsque j'écris Vous. Je veux que vous sentiez qu'un lien particulier vous rattache à ces pages, parce que *Le Secret* a été créé pour Vous.

En prenant connaissance du Secret, vous découvrirez comment vous pouvez avoir, être ou faire tout ce que vous voulez. Vous découvrirez qui vous êtes vraiment. Vous découvrirez la véritable magnificence qui se trouve à votre portée.

Remerciements

C'est avec la plus profonde gratitude que je souhaite remercier tous ceux qui ont croisé ma route et qui m'ont inspirée, émue et illuminée par leur présence.

Je veux également exprimer toute ma reconnaissance aux personnes suivantes pour leurs contributions et magnifiques soutiens pendant mon périple et la création de cet ouvrage :

Pour avoir généreusement partagé avec moi leur sagesse, leur amour et leur divinité, je rends hommage aux coauteurs de *Le Secret* : John Assaraf, Michael Bernard Beckwith, Lee Brower, Jack Canfield, Dr John Demartini, Marie Diamond, Mike Dooley, Bob Doyle, Hale Dwoskin, Morris Goodman, Dr John Gray, Dr John Hagelin, Bill Harris, Dr Ben Johnson, Loral Langemeier, Lisa Nichols, Bob Proctor, James Ray, David Schirmer, Marci Shimoff, Dr Joe Vitale, Dr Denis Waitley, Neale Donald Walsch et Dr Fred Alan Wolf.

Merci aux adorables êtres humains qui forment l'équipe de production du film *Le Secret* : Paul Harrington, Glenda Bell, Skye Byrne et Nic George.

Merci à Drew Heriot, Daniel Kerr, Damian Corboy et à tous ceux qui ont cheminé à nos côtés pendant la création du film *Le Secret*.

Merci à James Armstrong, Shamus Hoare et Andy Lewis, de Gozer Media, pour la conception du superbe graphisme et pour avoir su y insuffler l'esprit du Secret.

Merci à notre président, Bob Rainone : il nous est arrivé comme un cadeau du ciel.

Merci à Michael Gardiner et à l'équipe de juristes et de consultants qui nous ont épaulés, tant en Australie qu'aux États-Unis.

Merci à l'équipe du site Web du *Secret*: Dan Hollings, John Herren et aux employés de Powerful Intentions qui ont géré et dirigé le forum du Secret, ainsi qu'à tous les gens merveilleux qui ont participé à ce forum.

Merci aux grands maîtres du passé, dont les écrits ont allumé une flamme ardente de désir en moi. J'ai marché dans l'ombre de leur grandeur et j'honore chacun d'eux. Je remercie tout particulièrement Robert Collier et les Robert Collier Publications, Wallace Wattles, Charles Haanel, Joseph Campbell et la Joseph Campbell Foundation, Prentice Mulford, Genevieve Behrend et Charles Fillmore.

Merci à Richard Cohn et Cynthia Black de Beyond Words, et à Judith Curr de Simon & Schuster, pour avoir ouvert leur cœur et accepté Le Secret. Merci à mes réviseurs, Henry Covi et Julie Steigerwaldt.

Pour leurs généreux témoignages, merci à Cathy Goodman, Susan et Colin Sloate, Susan Morrice, directrice de Belize Natural Energy, Jeannie MacKay et Joe Sugarman.

Pour leurs enseignements inspirants, merci à Robert Anthony, Ph.D., Jerry et Esther Hicks et à la sagesse du groupe d'Abraham, David Cameron Gikandi, John Harricharan, Catherine Ponder, Gay et Katie Hendricks, Stephen MR Covey, Eckhart Tolle et Debbie Ford. Pour leur généreux soutien, merci à Chris et Janet Attwood, Marcia Martin, aux membres du Transformational Leaders Council, au Spiritual Cinema Circle, au personnel de l'Agape Spiritual Center, ainsi qu'à tous les assistants et employés des professeurs qui apparaissent dans le film *Le Secret*.

Merci à mes précieux amis pour leur amour et leur soutien : Marcy Koltun-Crilley, Margaret Rainone, Athena Golianis et John Walker, Elaine Bate, Andrea Keir, ainsi qu'à Michael et Kendra Abay. Merci à ma merveilleuse famille : Peter Byrne, mes sœurs très spéciales – Jan Child pour son aide inestimable pendant la rédaction de ce livre, Pauline Vernon, Kaye Izon (décédée) et Glenda Bell, qui est toujours à mes côtés et dont l'amour et le soutien ne connaissent pas de limites. Merci à ma superbe et courageuse mère, Irene Izon, et à feu mon père, Ronald Izon, dont la lumière et l'amour continuent de briller dans nos vies.

Et enfin, merci à mes filles, Hayley et Skye Byrne. Merci à Hayley, à qui je dois ma renaissance et le véritable cheminement de ma vie, et à Skye, qui m'a emboîté le pas dans la création de cet ouvrage et qui a brillamment corrigé et transformé mes mots. Mes filles sont les joyaux de ma vie, et leur seule existence en illumine chaque instant.

Le Secret

Le Secret révélé

BOB PROCTOR
PHILOSOPHE, AUTEUR ET ACCOMPAGNATEUR PERSONNEL

*Le Secret vous donne tout ce que vous voulez :
bonheur, santé et richesse.*

DR JOE VITALE
MÉTAPHYSICIEN, EXPERT EN MARKETING ET AUTEUR

*Vous pouvez avoir, faire ou être tout ce que vous
voulez.*

JOHN ASSARAF
ENTREPRENEUR ET EXPERT EN RENTABILITÉ

*Vous pouvez avoir tout ce que vous choisissez d'obtenir.
Il n'y a pas de limites.
Dans quel genre de maison souhaitez-vous vivre ?
Voulez-vous devenir millionnaire ?*

Quel genre d'entreprise voulez-vous diriger ?
Désirez-vous connaître davantage de succès ?
Que voulez-vous vraiment ?

Dᴿ John Demartini
Philosophe, chiropraticien, guérisseur et expert en transformation personnelle

Voici le Grand Secret de la Vie.

Dᴿ Denis Waitley
Psychologue et formateur dans le domaine du potentiel de l'esprit

Les leaders du passé qui connaissaient Le Secret
voulaient s'en réserver le pouvoir. En refusant
de le partager, ils ont tenu la population dans
l'ignorance. Les gens allaient travailler,
accomplissaient leurs tâches et rentraient
à la maison. Impuissants, ils étaient prisonniers
de leur routine, car Le Secret demeurait entre
les mains d'une élite.

Tout au long de l'histoire, nombreux sont ceux qui ont voulu connaître Le Secret, et plusieurs ont réussi à trouver un moyen de répandre cette connaissance dans le monde.

Michael Bernard Beckwith
Visionnaire et fondateur du Agape International Spiritual Center

J'ai vu des miracles se produire dans la vie des
gens. Des miracles financiers, des guérisons
miraculeuses, tant physiques, psychologiques que
relationnelles.

JACK CANFIELD
AUTEUR, PROFESSEUR, EXPERT EN DÉVELOPPEMENT PERSONNEL ET SPÉCIALISTE DE LA MOTIVATION

Tout est arrivé parce que j'ai su appliquer Le Secret.

BOB PROCTOR

Vous vous demandez probablement : « Quel est Le Secret ? » Je vais vous raconter comment je suis arrivé à le comprendre.

Nous sommes tous soumis à un pouvoir infini. Nous sommes tous régis par les mêmes lois. Les lois naturelles de l'univers sont si précises que nous n'avons aucune difficulté à construire des vaisseaux spatiaux et à envoyer des êtres humains sur la Lune, et nous pouvons prévoir l'alunissage à la fraction de seconde près.

Où que nous vivions — Inde, Australie, Nouvelle-Zélande, Stockholm, Londres, Toronto, Montréal ou New York — nous sommes tous soumis à un pouvoir. À une loi. La loi de l'attraction !

Le Secret, c'est la loi de l'attraction !

C'est vous qui attirez tout ce qui arrive dans votre vie. Et vous le faites avec les images que vous entretenez dans votre esprit. Avec ce que vous pensez. Ce que vous nourrissez dans votre esprit, vous l'attirez dans votre vie.

« Chacune de vos pensées est une réalité, une force. »

Prentice Mulford (1834-1891)

Les plus grands professeurs de tous les temps nous ont dit que la loi de l'attraction est la loi la plus puissante de l'Univers.

Des poètes tels que William Shakespeare, Robert Browning et William Blake nous l'ont livrée dans leur poésie. Des musiciens tels que Ludwig van Beethoven l'ont exprimée dans leur musique. Des artistes tels que Léonard de Vinci l'ont représentée dans leurs tableaux. De grands penseurs tels que Socrate, Platon, Ralph Waldo Emerson, Pythagore, Sir Francis Bacon, Sir Isaac Newton, Johann Wolfgang von Goethe et Victor Hugo l'ont dévoilée dans leurs écrits et leurs enseignements. Leur nom a été immortalisé et le souvenir de leur existence légendaire a survécu au passage des siècles.

Des religions telles que l'hindouisme, les traditions hermétiques, le bouddhisme, le judaïsme, le christianisme et l'Islam, ainsi que des civilisations telles que l'ancienne Babylone et l'ancienne Égypte, nous l'ont transmise à travers leurs textes et leurs chroniques. Notée sous toutes ses formes à travers les âges, la loi se retrouve dans tous les écrits anciens. On l'a gravée dans la pierre en 3000 avant Jésus-Christ. Même si certains ont convoité cette connaissance, et l'ont acquise, elle a toujours été là pour quiconque souhaitait la découvrir.

La loi est apparue au commencement des temps. Elle a toujours existé et existera toujours.

C'est la loi qui détermine l'ordre ultime de l'Univers, chaque instant de notre vie et chacune de nos expériences. Peu importe qui vous êtes ou l'endroit où vous vivez, la loi de l'attraction façonne votre vie tout entière, et cette loi surpuissante agit par le biais de vos pensées. C'est vous qui activez la loi de l'attraction et c'est avec votre esprit que vous le faites.

En 1912, Charles Haanel a décrit la loi de l'attraction comme étant « la loi la plus grande et la plus infaillible sur laquelle repose le système de la création tout entier ».

 ### BOB PROCTOR

Les sages l'ont toujours su. Il suffit de remonter à l'ancienne Babylone. Ses habitants l'ont toujours su. Il s'agissait d'une élite.

Les historiens ont beaucoup écrit sur l'ancienne Babylone et sa grande prospérité. Ce peuple est aussi connu pour avoir créé l'une des Sept Merveilles du monde, les jardins suspendus de Babylone. Grâce à leur compréhension des lois de l'Univers et à leur application, les Babyloniens sont devenus l'un des peuples les plus prospères de l'histoire.

BOB PROCTOR

D'après vous, pourquoi 1 % de la population possède-t-il 96 % de tout l'argent qui circule sur la planète ? Croyez-vous qu'il s'agit d'un hasard ? Les choses sont ainsi. Ces gens ont compris quelque chose. Ils ont compris Le Secret, et c'est maintenant à votre tour d'y être initié.

Les gens qui ont attiré la fortune dans leur vie ont utilisé Le Secret, consciemment ou inconsciemment. Ils ont alimenté leur esprit de pensées axées sur l'abondance et la richesse et ils ne permettent à aucune pensée contradictoire de s'y implanter. Leurs pensées prédominantes sont fondées sur la prospérité. Ils ne *connaissent* que la prospérité et rien d'autre n'existe dans leur esprit. Qu'ils en aient conscience ou non, ce sont ces pensées prédominantes qui leur apportent la prospérité. C'est la loi de l'attraction en pleine action.

Voici un parfait exemple pour démontrer Le Secret et la loi de l'attraction en pleine action. Vous avez peut-être entendu parler de gens qui ont acquis d'immenses fortunes, qui ont ensuite tout perdu et qui, en très peu de temps, ont retrouvé une très grande prospérité. Qu'ils en aient été conscients ou non, leurs pensées dominantes étaient axées sur la richesse ; c'est ainsi qu'ils ont tout d'abord fait fortune. Ensuite, ils ont permis à la crainte de perdre cette fortune, d'envahir leur esprit, jusqu'à ce que cette crainte devienne une pensée dominante. Sur la balance de leurs pensées, ils ont troqué la richesse contre la pauvreté, et ils ont effectivement tout perdu. Une fois démunis, la crainte de se retrouver dans l'indigence est disparue et les pensées axées sur la prospérité sont redevenues dominantes. Et la fortune est réapparue dans leur vie.

La loi répond à vos pensées, quelles qu'elles soient.

Qui se ressemble s'assemble

JOHN ASSARAF

Pour moi, la façon la plus simple d'illustrer la loi de l'attraction consiste à me comparer à un aimant, et je sais que l'aimant a un puissant pouvoir d'attraction.

Vous êtes le plus merveilleux aimant de l'Univers! Vous êtes doté d'un pouvoir magnétique dont la puissance n'a pas d'égale dans le monde, et cet incommensurable pouvoir magnétique est émis par vos pensées.

BOB DOYLE
AUTEUR ET SPÉCIALISTE DE LA LOI DE L'ATTRACTION

Fondamentalement, la loi de l'attraction stipule que qui se ressemble s'assemble. Mais nous faisons ici référence au domaine de la pensée.

La loi de l'attraction stipule que *qui se ressemble s'assemble*. Donc, lorsque vous pensez à quelque chose, vous attirez des pensées *jumelles*. Voici quelques exemples de manifestations de la loi de l'attraction dont vous pourriez avoir fait l'expérience dans votre vie.

Vous est-il déjà arrivé de commencer à penser à une chose désagréable et puis de constater que plus vous y pensiez, plus la situation semblait empirer ? C'est parce que lorsque vous donnez préséance à une pensée, la loi de l'attraction fait immédiatement naître des pensées *jumelles* dans votre esprit. En l'espace de quelques minutes seulement, tellement de pensées désagréables vous envahissent que la situation vous semble s'aggraver. Plus vous y pensez, plus vous êtes contrarié.

Vous avez peut-être déjà fait cette expérience et attiré des pensées *jumelles* en écoutant une chanson qui, ensuite, n'a pas cessé de vous trotter dans la tête. La chanson a continué de résonner encore et encore dans votre esprit. Lorsque vous avez écouté cette chanson, que vous l'ayez réalisé ou non, vous y avez accordé toute votre attention. Ce faisant, vous avez fortement attiré des pensées jumelles, et la loi de l'attraction est entrée en action et a généré une foule de pensées liées à cette chanson.

JOHN ASSARAF

En tant qu'êtres humains, notre tâche consiste à nous en tenir aux pensées liées à ce que nous voulons, à faire en sorte que cela soit absolument clair dans notre esprit, et à faire appel à l'une des plus grandes

lois de l'Univers, c'est-à-dire la loi de l'attraction. Vous
devenez le reflet de vos pensées dominantes, mais vous
attirez également ce à quoi vous pensez le plus.

Votre vie actuelle est le reflet de pensées antérieures.
Cela inclut toutes les choses merveilleuses et aussi
toutes les choses que vous estimez moins merveilleuses. Étant donné que vous attirez ce à quoi vous
pensez le plus, il est facile de voir quelles ont été vos
pensées dominantes à propos de chaque aspect de
votre vie, car c'est ce que vous avez vécu. Jusqu'à
maintenant ! Car, aujourd'hui, vous apprenez à connaître Le Secret, et grâce à cette connaissance, vous
pourrez tout changer.

BOB PROCTOR

Si vous le voyez dans votre esprit, vous le tiendrez
entre vos mains.

Si vous arrivez à projeter dans votre esprit ce que
vous désirez, et faire de cette pensée une pensée dominante, vous *l'attirerez* dans votre vie.

MIKE DOOLEY
AUTEUR ET CONFÉRENCIER INTERNATIONAL

Et ce principe peut être résumé en quatre mots.
Les pensées deviennent réalité.

Grâce à cette loi très puissante, vos pensées prennent
forme dans votre vie. Vos pensées deviennent réalité !
Répétez-vous ceci et imprégnez-en votre conscience.
Vos pensées deviennent réalité !

JOHN ASSARAF

Ce que la majorité des gens ne comprennent pas, c'est que la pensée a une fréquence. Nous pouvons mesurer une pensée. Par conséquent, si vous ressassez une pensée en particulier, si vous imaginez que vous possédez cette voiture dernier cri, que vous avez tout l'argent dont vous avez besoin, que vous créez l'entreprise de vos rêves, que vous trouvez l'âme sœur... si vous imaginez ce que cela serait, vous émettez cette fréquence sur une base continue.

Dʳ JOE VITALE

Les pensées envoient ce signal magnétique qui attire vers vous leur équivalence.

« La pensée prédominante ou l'attitude mentale sont l'aimant, et la loi stipule que qui se ressemble s'assemble ; par conséquent, l'attitude mentale attirera invariablement des circonstances qui correspondent à la nature de cette pensée. »

Charles Haanel (1866-1949)

Les pensées sont magnétiques, et les pensées ont une fréquence. Lorsque vous pensez, vous envoyez un signal dans l'Univers et ce signal attire comme un aimant des pensées *jumelles* qui ont la même fréquence. Tout ce qui est envoyé revient à la source. Et cette source, c'est Vous.

Voyez les choses ainsi : nous savons que la tour de transmission d'une station de télévision émet grâce à une fréquence, qui est transformée en images sur l'écran de notre téléviseur. La majorité d'entre nous ne comprend pas vraiment comment cela fonctionne, mais nous savons que chaque canal a sa fréquence, et que lorsque nous syntonisons cette fréquence, nous voyons apparaître les images diffusées par ce canal. Nous choisissons la fréquence en sélectionnant le canal, et nous recevons ensuite les images diffusées par ce canal. Si nous voulons voir des images différentes sur l'écran de notre téléviseur, nous changeons de canal en syntonisant une autre fréquence.

Vous êtes une tour de transmission *humaine*, et vous avez beaucoup plus de puissance que n'importe quelle tour de télévision sur la terre. Vous êtes la tour de transmission la plus puissante de l'Univers. Ce que vous transmettez façonne votre vie et façonne le monde. La fréquence que vous transmettez voyage au-delà des villes, au-delà des frontières, au-delà du monde. Elle se réverbère dans l'Univers tout entier. Et vous transmettez cette fréquence avec vos pensées !

« Les vibrations des forces mentales sont les plus sophistiquées et, donc, les plus puissantes qui existent. »

Charles Haanel

BOB PROCTOR

Imaginez que vous vivez dans l'abondance et vous attirerez cette abondance dans votre vie. Cela fonctionne à tout coup, pour tout le monde.

En imaginant que vous vivez dans l'abondance, vous façonnez consciemment et puissamment votre vie par le biais de la loi de l'attraction. C'est aussi simple que cela. Mais alors, la question la plus évidente devient : « Pourquoi tout le monde ne vit-il pas la vie de ses rêves ? »

Attirez le bonheur au lieu du malheur

JOHN ASSARAF

Voici le problème. La majorité des gens pensent à ce qu'ils ne veulent pas et ils se demandent pourquoi ils n'obtiennent rien d'autre.

La seule raison pour laquelle les gens n'ont pas ce qu'ils désirent est qu'ils pensent à ce qu'ils ne *veulent pas* plutôt qu'à ce qu'ils *veulent*. Soyez à l'écoute de vos pensées et prêtez l'oreille aux mots qu'elles murmurent. La loi est absolue et l'erreur est impossible.

Une épidémie pire que tout fléau jamais connu par l'humanité fait rage depuis des siècles. C'est l'épidémie du « je ne veux pas ». Les gens alimentent cette épidémie lorsqu'ils permettent à leurs pensées, leurs paroles, leurs actes et leur concentration de converger vers ce qu'« ils ne veulent pas ». Mais voici venue la génération qui changera l'histoire, car nous recevons la connaissance qui nous permettra d'éradiquer cette épidémie ! Cela commence avec vous, et vous pouvez devenir un pionnier de ce nouveau courant de pensée, tout simplement en imaginant ce que vous voulez et en le formulant.

BOB DOYLE

La loi de l'attraction ne se soucie pas du fait que vous perceviez une chose comme étant bonne ou mauvaise, ou que vous vouliez ou non cette chose. Elle répond à vos pensées. Donc, si vous pensez au fardeau que représentent vos dettes, et que vous vous sentez mal à cette idée, c'est le signal que vous envoyez dans l'Univers. « Je me sens vraiment mal à cause de toutes ces dettes que j'ai accumulées. » Vous ne faites qu'affirmer ce fait. Vous le sentez dans chaque fibre de votre être. Et c'est ce que vous récolterez encore et encore.

La loi de l'attraction est une loi de la nature. Elle est impersonnelle et elle ne fait pas la distinction entre le bon et le mauvais. Elle capte vos pensées et vous les renvoie sous forme d'expériences de vie. La loi de l'attraction vous donne tout simplement ce à quoi vous pensez.

LISA NICHOLS
AUTEURE ET DÉFENSEURE DE L'AUTONOMISATION

La loi de l'attraction est vraiment docile. Lorsque vous pensez à des choses que vous voulez, et que vous vous concentrez sur elles avec toute la force de votre intention, alors la loi de l'attraction vous donnera exactement ce que vous voulez, chaque fois.

Lorsque vous vous concentrez sur les choses que vous ne voulez pas : «Je ne veux pas être en retard, je ne veux pas être en retard», la loi de l'attraction n'entend pas que vous ne le voulez pas. Elle concrétise les choses auxquelles vous pensez, et celles-ci se manifesteront à répétition. La loi de l'attraction n'est pas influencée par ce que vous voulez ou ne voulez pas. Lorsque vous vous concentrez sur quelque chose, peu importe ce que c'est, vous ne faites qu'en appeler la manifestation.

Lorsque vous fixez vos pensées sur une chose que vous voulez, et que vous maintenez cette concentration, vous l'appelez alors avec le plus puissant pouvoir de l'Univers. La loi de l'attraction ne tient pas compte des «pas» ou des «non» ni de toute autre formulation négative. Lorsque vous formulez des mots négatifs, voici le signal que capte la loi de l'attraction :

« Je ne veux rien renverser sur ce costume. »
> *«Je veux renverser quelque chose sur ce costume et je veux le souiller encore et encore.»*

« Je ne veux pas d'une coupe de cheveux bâclée. »
> *«Je veux une coupe de cheveux bâclée.»*

« Je ne veux pas être en retard. »
> *«Je souhaite être aux prises avec des délais.»*

« Je ne veux pas que cette personne soit impolie avec moi. »
> *«Je veux que cette personne et bien d'autres soient impolies avec moi.»*

« Je ne veux pas que le restaurant donne ma table à quelqu'un d'autre. »

> *« Je veux que tous les restaurants donnent ma table à d'autres. »*

« Je ne veux pas que ces chaussures me blessent. »

> *« Je veux que ces chaussures me blessent. »*

« Je ne peux pas faire tout ce travail. »

> *« Je souhaite être débordé de besogne. »*

« Je ne veux pas attraper un rhume. »

> *« Je veux attraper un rhume et d'autres maladies. »*

« Je ne veux pas être mêlé à des disputes. »

> *« Je veux connaître davantage de différends. »*

« Ne me parlez pas sur ce ton. »

> *« Je veux que vous et d'autres personnes me parliez sur un ton désagréable. »*

La loi de l'attraction vous donne ce à quoi vous pensez : point final !

BOB PROCTOR

> *La loi de l'attraction fonctionne toujours — que vous y croyiez ou non et que vous la compreniez ou non.*

La loi de l'attraction est la loi de la création. Les physiciens quantiques nous disent que l'Univers tout entier a émergé de la pensée ! Vous façonnez votre vie avec vos pensées et la loi de l'attraction, et chaque individu fait de même. Cela ne fonctionne pas uniquement si vous en êtes conscient. Il en a toujours été ainsi dans votre vie et dans la vie de tout être humain depuis la nuit des temps. Lorsque vous devenez conscient de cette grande loi, vous prenez alors conscience de l'incroyable pouvoir qui vous habite, celui de PENSER votre vie et de la créer.

LISA NICHOLS

La loi est tout aussi inévitable que le fait de penser. Chaque fois que vos pensées voyagent, la loi de l'attraction entre en action. Lorsque vous pensez au passé, la loi de l'attraction agit. Lorsque vous pensez au présent ou à l'avenir, la loi de l'attraction agit. C'est un processus continu. Vous n'appuyez pas sur «pause», vous n'appuyez pas sur «arrêt». La loi est constamment en action, tout comme vos pensées.

Que vous en soyez conscient ou non, vous pensez presque tout le temps. Si vous parlez à quelqu'un ou l'écoutez, vous pensez. Si vous lisez le journal ou regardez la télévision, vous pensez. Lorsque vous vous rappelez le passé, vous pensez. Lorsque vous songez à l'avenir, vous pensez. Lorsque vous conduisez votre voiture, vous pensez. Lorsque vous vous préparez le matin, vous pensez. Pour un grand nombre d'entre nous, seul le sommeil interrompt le processus de réflexion; cependant, les forces de l'attraction agissent sur les dernières pensées qui nous ont traversé l'esprit avant que nous nous abandonnions au sommeil. Ayez donc des pensées positives avant de vous endormir.

MICHAEL BERNARD BECKWITH

La création ne cesse jamais. Chaque fois qu'un individu a une pensée, ou s'adonne à une longue période de réflexion, il se trouve dans un processus de création. Et ses pensées deviendront une réalité.

Ce à quoi vous pensez maintenant façonnera votre vie future. Vous créez votre vie avec vos pensées. Vous créez sans arrêt parce que vous pensez sans arrêt. Ce à quoi vous pensez le plus ou ce sur quoi vous vous concentrez le plus, est ce qui se manifestera dans votre vie.

Comme toutes les lois de la nature, la loi de l'attraction est d'une perfection totale. Vous créez votre vie. Vous récoltez ce que vous semez ! Vos pensées sont des graines et la récolte dépend de la qualité des semis.

Si vous vous plaignez, la loi de l'attraction générera dans votre vie davantage de situations desquelles vous pourrez vous plaindre. Si vous écoutez un individu se plaindre et y accordez toute votre attention, sympathisez avec lui, êtes d'accord avec lui, vous attirez alors à vous davantage de situations desquelles vous plaindre.

La loi est un miroir et vous renvoie exactement ce sur quoi vous concentrez vos pensées. Fort de cette connaissance, vous pouvez remodeler votre vie tout entière en changeant tout simplement votre façon de penser.

BILL HARRIS
PROFESSEUR ET FONDATEUR DU CENTERPOINTE RESEARCH INSTITUTE

Un étudiant prénommé Robert suivait l'un de mes cours en ligne, ce qui lui permettait de communiquer avec moi par courrier électronique.

Robert était gai. Il a exposé toutes les dures réalités de sa vie dans les courriels qu'il m'a adressés. Au travail, ses collègues s'étaient ligués contre lui. Il était perpétuellement en état de stress à cause de leur attitude désobligeante. Dans la rue, il se faisait insulter par des homophobes, des gens hostiles aux homosexuels. Il voulait devenir humoriste, mais chaque fois qu'il faisait un numéro, tout le monde le chahutait à cause de son homosexualité. Sa vie tout entière n'était que tristesse et misère, uniquement parce qu'il se sentait constamment attaqué à cause de son orientation sexuelle.

Je l'ai amené à comprendre qu'il se concentrait sur ce qu'il ne voulait pas. Je lui ai parlé des courriels qu'il m'avait envoyés et je lui ai dit : « Relis-les. Prête attention à toutes ces choses que tu ne veux pas et dont tu me parles. Je sais que cette situation t'horripile. Et je sais aussi que plus on accorde d'importance à un aspect de notre vie, plus on l'accentue ! »

Robert a pris à cœur l'idée de se concentrer sur ce qu'il voulait, et il a fait de réels efforts en ce sens.

Ce qui s'est alors produit en l'espace de six à huit semaines est un véritable miracle. Au bureau, tous ceux qui le harcelaient ont été mutés dans un autre service, ont quitté leur emploi, ou se sont désintéressés de lui. Il s'est mis à adorer son travail. Plus personne ne le dénigrait lorsqu'il marchait dans la rue. Il ne croisait plus que des passants anonymes. Lorsqu'il faisait son numéro de comique, les gens l'ovationnaient et plus personne ne se liguait contre lui !

Sa vie tout entière a changé parce qu'il a cessé de se concentrer sur ce qu'il ne voulait pas, sur ce dont il avait peur et sur ce qu'il voulait éviter, pour ne plus penser qu'à ce qu'il désirait.

La vie de Robert a changé parce qu'il a changé d'attitude. Il a émis une fréquence différente dans l'Univers. L'Univers *se doit* de reproduire des images associées à toute nouvelle fréquence, peu importe l'invraisemblance de la situation. Les nouvelles pensées de Robert sont devenues sa nouvelle fréquence, et sa vie a changé du tout au tout.

Votre vie se trouve entre vos mains. Peu importe le lieu où vous vous trouvez maintenant, peu importe ce qui se passe dans votre vie, vous pouvez commencer à choisir consciemment vos pensées, et vous pouvez changer votre vie. Les situations désespérées n'existent pas. N'importe quel aspect de votre vie peut changer !

Le pouvoir de votre esprit

MICHAEL BERNARD BECKWITH

Vous attirez à vous la matérialisation de vos pensées prédominantes, que vous en soyez conscient ou non. C'est là le hic.

Que vous ayez été conscient ou non de vos pensées dans le passé, vous pouvez *maintenant* en prendre conscience. Dès aujourd'hui, grâce à la connaissance du Secret, vous sortez d'un profond sommeil et devenez conscient! Conscient de la connaissance, conscient de la loi, conscient du pouvoir que vos pensées vous confèrent.

DR JOHN DEMARTINI

Le Secret, le pouvoir de notre esprit et le pouvoir de notre intention sont omniprésents. Il suffit d'ouvrir les yeux.

LISA NICHOLS

On peut voir partout des manifestations de la loi de l'attraction. On attire tout à soi. Les gens qui vous entourent, votre travail, les circonstances de votre vie, votre santé, votre situation financière, le bonheur, la voiture que vous conduisez, la communauté dans laquelle vous vivez. Vous avez tout attiré à vous, comme un aimant. Vous concrétisez ce à quoi vous pensez. Votre vie tout

entière est la manifestation des pensées qui habitent
votre esprit.

Nous vivons dans un Univers d'inclusion et non
d'exclusion. Rien n'est exclu de la loi de l'attraction.
Votre vie est le miroir de vos pensées dominantes.
Tout ce qui vit sur cette planète est soumis à la loi de
l'attraction. Ce qui distingue les êtres humains, c'est
qu'ils sont dotés d'un esprit capable de discernement.
Ils peuvent choisir leurs pensées en toute liberté. Ils
ont le pouvoir de penser de façon intentionnelle et de
façonner leur vie tout entière grâce à leur esprit.

Dʀ Fʀᴇᴅ Aʟᴀɴ Wᴏʟғ

Pʜʏsɪᴄɪᴇɴ ǫᴜᴀɴᴛɪǫᴜᴇ, ᴄᴏɴғᴇ́ʀᴇɴᴄɪᴇʀ ᴇᴛ ᴀᴜᴛᴇᴜʀ
ᴘʀɪᴍᴇ́

Je ne vous parle pas ici de prendre ses désirs pour
des réalités ni de folie imaginaire. Je vous parle
d'une compréhension fondamentale et profonde.
La physique quantique soutient que l'Univers ne
peut exister sans l'apport de l'esprit, et que l'esprit
façonne toute chose qui est perçue.

Revenant à l'analogie selon laquelle vous êtes la tour
de transmission la plus puissante de l'Univers, vous
verrez une corrélation parfaite avec les propos de
Fred Alan Wolf. Votre esprit exprime des pensées et
les images qui y correspondent vous sont renvoyées
sous forme d'expériences de vie. Vous façonnez non
seulement votre vie avec vos pensées, mais vos pensées contribuent grandement à la création du monde.
Si vous avez toujours cru que vous étiez insignifiant

et impuissant, accordez-vous un moment de réflexion. Votre esprit *façonne* réellement le monde autour de vous.

Au cours des quatre-vingts dernières années, les éton-
nants travaux et découvertes des physiciens quantiques nous ont apporté une connaissance plus éten-
due de cet incommensurable pouvoir de l'esprit humain en matière de création. Ils ont établi un parallèle
avec les écrits des plus grands penseurs, incluant
Carnegie, Emerson, Shakespeare, Bacon, Krishna et
Bouddha.

BOB PROCTOR

*Si vous ne comprenez pas la loi, cela ne signifie pas
que vous devez la rejeter. Vous ne comprenez peut-
être pas les fondements de l'électricité, mais cela ne
vous empêche pas de jouir de ses avantages. Je ne le
sais pas non plus. Mais je sais ceci : on peut faire
cuire le dîner d'un homme grâce à l'électricité,
et on peut également faire cuire l'homme !*

MICHAEL BERNARD BECKWITH

*Souvent, lorsque les gens commencent à comprendre
le Grand Secret, ils ont peur de toutes les pensées
négatives qui pourraient traverser leur esprit. Ils
doivent accepter le fait qu'il a été scientifiquement
prouvé qu'une pensée positive est des centaines de
fois plus puissante qu'une pensée négative. Cela
permet d'éliminer immédiatement une certaine
dose d'inquiétude.*

Il faut vraiment beaucoup de pensées négatives et de réflexions négatives continues pour générer des aspects négatifs dans votre vie. Cependant, si vous persistez à entretenir des pensées négatives pendant un certain temps, elles se *manifesteront* dans votre vie. Si vous craignez d'avoir des pensées négatives, vous ne ferez qu'alimenter cette inquiétude, et ces pensées négatives se multiplieront. Décidez dès maintenant que vous ne penserez plus qu'à des choses positives. En même temps, déclarez à l'Univers que toutes vos pensées positives sont puissantes, et que toutes les pensées négatives sont insignifiantes.

 **LISA NICHOLS**

Remerciez Dieu qu'il y ait un délai et que toutes vos pensées ne se concrétisent pas instantanément. Nous aurions des ennuis si c'était le cas. Ce délai vous sert. Il vous permet de réévaluer vos pensées, de réfléchir à ce que vous voulez vraiment et de faire de nouveaux choix.

Le pouvoir de façonner votre vie vous appartient dès maintenant, parce que vous pensez en ce moment même. Si vous avez eu des pensées dont la manifestation ne serait pas avantageuse, vous pouvez dès maintenant penser autrement. Vous pouvez effacer ces pensées négatives et les remplacer par des pensées positives. Le temps est votre allié, car vous pouvez changer vos pensées et émettre une nouvelle fréquence, *maintenant*!

Dᴿ Joe Vitale

Vous voulez prendre conscience de vos pensées et les choisir soigneusement, et vous voulez avoir du plaisir à le faire, car vous êtes le chef-d'œuvre de votre propre vie. Vous êtes le Michel-Ange de votre propre vie. Le David que vous sculptez, c'est vous.

Une façon de maîtriser votre esprit consiste à l'apaiser. Tous les professeurs dont les propos sont rapportés dans cet ouvrage ont, sans exception, recours à la méditation sur une base quotidienne. Ce n'est que lorsque j'ai découvert Le Secret que j'ai réalisé à quel point la méditation peut être puissante. La méditation apaise l'esprit, vous aide à maîtriser vos pensées, et revitalise votre corps. Fait extraordinaire, il n'est pas nécessaire de consacrer d'innombrables heures à la méditation. Pour commencer, de trois à dix minutes par jour suffisent pour exercer un contrôle incroyablement puissant sur vos pensées.

Pour prendre conscience de vos pensées, vous pouvez également formuler l'intention suivante : « Je suis le maître de mes pensées. » Dites-le souvent, méditez sur cette idée, et en entretenant cette intention, vous ferez en sorte que la loi de l'attraction fasse ce maître de vous.

Vous êtes en train d'acquérir la connaissance qui vous permettra de créer la plus magnifique version de Vous-même. La fréquence de cette version existe déjà. Décidez de ce que vous voulez être, faire et avoir, imprégnez votre esprit de ces pensées, émettez la fréquence y correspondant, et cette projection deviendra votre vie.

Le Secret en bref

- *Le Grand Secret de la Vie est la loi de l'attraction.*

- *La loi de l'attraction stipule que qui se ressemble s'assemble. Par conséquent, chacune de vos pensées attire une pensée jumelle.*

- *Les pensées sont magnétiques et elles ont une fréquence. Toutes vos pensées sont envoyées dans l'Univers et elles attirent comme un aimant toute chose ayant la même fréquence. Tout ce qui est envoyé revient à la source, c'est-à-dire à vous.*

- *Vous êtes une tour de transmission humaine et vous émettez une fréquence avec vos pensées. Si vous voulez changer quelque chose dans votre vie, changez cette fréquence en modifiant vos pensées.*

- *Vos pensées actuelles façonnent votre vie future. Ce à quoi vous pensez le plus ou ce sur quoi vous vous concentrez le plus se manifestera dans votre vie.*

- *Vos pensées deviennent réalité.*

Le Secret simplifié

MICHAEL BERNARD BECKWITH

Nous vivons dans un univers dans lequel existent des lois, tout comme il existe une loi de la gravité. Si vous tombez du haut d'un édifice, il importe peu que vous soyez une bonne ou une mauvaise personne, car vous vous écraserez sur le sol.

La loi de l'attraction est une loi de la nature. Elle est aussi impartiale et impersonnelle que la loi de la gravité. Elle est précise et elle est exacte.

Dʀ JOE VITALE

Vous avez attiré absolument tout ce qui se passe actuellement dans votre vie. Je sais que vous ne serez pas d'accord et que vous direz immédiatement :

« Je n'ai pas attiré cet accident de voiture. Je n'ai pas attiré ce client qui me donne du fil à retordre. Je n'ai pas attiré ces dettes. » Mais je me dresserai devant vous et je vous dirai que, oui, vous avez attiré ces circonstances. C'est l'un des concepts les plus difficiles à saisir, mais une fois que vous l'avez accepté, il peut transformer votre vie.

Souvent, lorsque les gens entendent parler pour la première fois de cet aspect du Secret, ils pensent à tous ces pans du passé au cours desquels d'innombrables vies ont été perdues, et ils trouvent incompréhensible que tant de gens aient attiré à eux de tels événements. Selon la loi de l'attraction, ils ont syntonisé une fréquence correspondant à ces catastrophes. Cela ne veut pas nécessairement dire qu'ils ont pensé à ces événements en particulier, mais la fréquence de leurs pensées correspondait à la fréquence des circonstances. Si les gens croient qu'ils peuvent se trouver au mauvais endroit au mauvais moment, et qu'ils ne peuvent exercer aucun contrôle sur les circonstances extérieures, ces pensées axées sur la peur, la séparation et l'impuissance, si elles sont persistantes, peuvent effectivement faire en sorte qu'ils se retrouvent au mauvais endroit au mauvais moment.

Vous avez le choix dès maintenant. Voulez-vous croire qu'il ne s'agit que d'un hasard et que vous êtes constamment à la merci d'un malheur ? Voulez-vous croire que vous pouvez vous trouver au mauvais endroit au mauvais moment ? Que vous ne pouvez exercer aucun contrôle sur les événements ?

Ou voulez-vous croire et savoir que votre vie se trouve entre vos mains et qu'uniquement de bonnes choses peuvent survenir parce que c'est de la façon que vous pensez ? Vous avez le choix, et ce que vous choisissez de penser se *transformera* en expérience de vie.

Rien ne pourra se concrétiser dans votre vie si vous ne l'appelez pas avec des pensées soutenues.

BOB DOYLE

La majorité d'entre nous attire les circonstances par défaut. Nous ne croyons tout simplement pas que nous pouvons exercer un contrôle sur celles-ci. Nos pensées et nos sentiments fonctionnent sur pilote automatique, et tout nous arrive donc par défaut.

Personne n'attirerait délibérément à lui une chose qu'il ne souhaite pas. On peut aisément voir comment, dans l'ignorance du Secret, des événements indésirables se sont produits dans notre vie ou dans la vie d'autres personnes. Ils résultent tout simplement de l'absence de conscience du grand pouvoir créatif de nos pensées.

Dr JOE VITALE

Si c'est la première fois que vous en entendez parler, vous vous dites peut-être : « Oh, je dois gouverner mes pensées ? Ça me demandera beaucoup d'efforts. » *C'est peut-être le sentiment que vous aurez au début, mais c'est là que le plaisir commence.*

Le plaisir, c'est qu'il existe plusieurs raccourcis menant au Secret, et vous apprendrez à choisir ceux qui vous conviennent le mieux. Poursuivez votre lecture, et vous les découvrirez.

MARCI SHIMOFF
AUTEURE, CONFÉRENCIÈRE INTERNATIONALE ET EXPERTE EN DÉVELOPPEMENT PERSONNEL

Il est impossible de contrôler toutes nos pensées. Des chercheurs nous disent qu'environ soixante mille pensées nous traversent l'esprit chaque jour. Pouvez-vous imaginer comme il serait épuisant de tenter de contrôler chacune de ces soixante mille pensées ? Heureusement, il existe un moyen plus facile de s'en tirer, et c'est de faire appel à nos sentiments. Nos sentiments nous disent ce que nous pensons.

L'importance des sentiments ne peut être surestimée. Vos sentiments sont l'outil par excellence pour façonner votre vie. Vos pensées sont la cause première de tout ce qui vous arrive. Ce que vous voyez et vivez n'est que le résultat de ces pensées et cela inclut vos sentiments. Vos pensées façonnent tout.

BOB DOYLE

Les émotions sont un don incroyable qui nous permet de savoir ce que nous pensons.

Vos sentiments vous disent très rapidement ce que vous pensez. Songez à ces instants où vos sentiments chutent soudainement, par exemple lorsque vous entendez une mauvaise nouvelle. Cette sensation que vous ressentez dans l'estomac ou le plexus solaire est instantanée. Donc, vos sentiments vous signalent immédiatement ce que vous pensez.

Vous voulez être conscient de ce que vous ressentez, et vibrer avec vos sentiments, car c'est le moyen le plus rapide d'arriver à savoir ce que vous pensez.

LISA NICHOLS

Nous avons deux sortes de sentiments : des sentiments positifs et des sentiments négatifs. Et vous pouvez faire la distinction entre les deux, car les uns font que vous vous sentez bien et les autres font que vous vous sentez mal.
C'est la dépression, c'est la colère, c'est le ressentiment, c'est la culpabilité. Ce sont ces sentiments qui font que vous vous sentez impuissant. Ce sont des sentiments négatifs.

Personne ne peut vous dire si vous vous sentez bien ou mal. Vous seul savez comment vous vous sentez à chaque instant. Si vous n'êtes pas certain de ce que vous ressentez, posez-vous tout simplement la question suivante : « *Comment est-ce que je me sens ?* » En prenant le temps de vous poser cette question plusieurs fois par jour, vous deviendrez plus conscient de vos sentiments.

Il est primordial de comprendre qu'il est impossible de se sentir mal et d'avoir en même temps des pensées positives. Ce serait en opposition avec la loi, car nos pensées génèrent nos sentiments. Si vous vous sentez mal, c'est que vous avez des pensées qui font en sorte que vous vous sentiez mal.

Vos pensées déterminent votre fréquence et vos sentiments vous disent immédiatement sur quelle fréquence vous émettez. Lorsque vous vous sentez mal, vous émettez un signal qui attire des circonstances funestes. La loi de l'attraction *doit* réagir en vous renvoyant des images désagréables et des situations qui feront en sorte que vous vous sentiez mal.

Et comme vous vous sentez mal, et que vous ne faites aucun effort pour modifier vos pensées et vous sentir mieux, vous dites : « Apportez-moi davantage de circonstances qui m'indisposeront. Apportez-en ! »

LISA NICHOLS

Par contre, vous pouvez avoir des émotions et des sentiments positifs. Vous pouvez les reconnaître aisément, car ils font en sorte que vous vous sentiez bien : l'excitation, la joie, la gratitude, l'amour. Imaginez si nous pouvions nous sentir ainsi chaque jour. Lorsque vous glorifiez vos sentiments positifs, vous en attirez encore davantage et vous instaurez un état de bien-être.

BOB DOYLE

C'est d'une simplicité inouïe. «Qu'est-ce que j'attire en ce moment même?» Eh bien, comment vous sentez-vous? «Je me sens bien.» C'est merveilleux, continuez ainsi.

Il est impossible de se sentir bien et d'avoir des pensées négatives en même temps. Si vous vous sentez bien, c'est parce que vous avez des pensées positives. Vous pouvez avoir tout ce que vous voulez dans la vie, il n'y a pas de limites. Mais il y a une condition : vous devez vous sentir bien. Et à bien y penser, n'est-ce pas ce que vous avez toujours voulu ? La loi est effectivement parfaite.

MARCI SHIMOFF

Si vous vous sentez bien, alors vous vous créez un avenir qui est en harmonie avec vos désirs. Si vous vous sentez mal, vous vous créez un avenir qui ne correspond pas à vos désirs. Tout au long de chaque journée, la loi de l'attraction agit sans fléchir. Tout ce que vous pensez et ressentez façonne votre avenir. Si vous êtes préoccupé ou effrayé, alors vous attirez encore davantage de soucis et de craintes dans votre vie tout au long de chaque journée.

Lorsque vous vous sentez bien, vous avez nécessairement des pensées positives. Vous êtes donc sur la bonne piste et vous émettez une fréquence puissante qui attire vers vous davantage de bonnes choses qui ne feront qu'accroître votre bien-être. Saisissez ces moments où vous vous sentez bien et nourrissez-les. Soyez conscient du fait que chaque fois que vous vous sentez bien, vous attirez puissamment à vous davantage de bonnes choses.

Passons maintenant à l'étape suivante. Et si vos sentiments étaient en fait un message de l'*Univers* destiné à vous faire prendre conscience de ce que vous pensez ?

JACK CANFIELD

Nos sentiments sont un mécanisme rétroactif qui nous permet de déterminer si nous sommes sur la bonne voie, si nous ne dévions pas de notre trajectoire.

Rappelez-vous que vos pensées sont la cause première de tout ce qui se produit dans votre vie. Donc, lorsque vous entretenez une pensée soutenue, elle est immédiatement envoyée dans l'Univers. Cette pensée se lie magnétiquement à une fréquence *jumelle* et puis, en l'espace de quelques secondes, elle vous renvoie une lecture de cette fréquence à travers vos sentiments. Autrement dit, vos sentiments sont le message que vous renvoie l'Univers, vous indiquant sur quelle fréquence vous vous trouvez. *Vos sentiments sont un mécanisme rétroactif de fréquence !*

Lorsque vous vous sentez bien, c'est comme si l'Univers vous disait : « Vous avez des pensées positives. » Et lorsque vous vous sentez mal, l'Univers vous dit : « Vous avez des pensées négatives. »

Donc, lorsque vous vous sentez mal, vous recevez un message de l'Univers qui se traduit, en clair, par : « Attention ! Modifiez vos pensées maintenant. Enregistrement de fréquence négative. Changez de fréquence. Compte à rebours déclenché. Attention ! »

La prochaine fois que vous vous sentirez mal ou que vous éprouverez une émotion négative, soyez attentif au signal que vous recevez de l'Univers. Car vous empêchez alors toute manifestation positive dans votre vie parce que vous émettez une fréquence négative. Modifiez vos pensées et orientez-les sur quelque chose d'agréable, et lorsque des sentiments positifs commenceront à vous habiter, vous le saurez, car Vous aurez syntonisé une nouvelle fréquence que l'Univers confirmera en vous procurant un sentiment de bien-être.

BOB DOYLE

Vous obtenez exactement ce que vous ressentez et non pas tant ce à quoi vous pensez.

C'est pour cette raison que les gens ont tendance à tourner en rond lorsqu'ils se lèvent du mauvais pied. Cela donne le ton à leur journée tout entière. Ils ne se doutent pas qu'un simple revirement pourrait modifier le cours de leur journée et de leur vie.

Si vous commencez la journée du bon pied et que vous êtes habité de sentiments positifs, tant et aussi longtemps que vous ne permettrez pas à une circonstance de modifier votre humeur, vous continuerez à attirer, grâce à la loi de l'attraction, davantage de situations et de gens qui alimenteront cette sensation de bonheur.

Nous avons tous fait l'expérience de jours ou de moments où tout va de travers. La réaction en chaîne a commencé par *une* pensée, que nous en ayons eu conscience ou non. Cette seule pensée négative en a attiré d'autres, la fréquence s'est précisée, et quelque chose a éventuellement mal tourné. Ensuite, en réagissant à ce revers, vous en avez attiré d'autres. Vos réactions ne font qu'attirer des situations similaires, et la réaction en chaîne se poursuivra tant que vous ne modifierez pas intentionnellement cette fréquence en modifiant vos pensées.

Vous pouvez réorienter vos pensées vers ce que vous souhaitez, recevoir une confirmation de ce changement de fréquence par le biais de vos sentiments, et la loi de l'attraction captera cette nouvelle fréquence et vous renverra un nouveau tableau de votre vie.

C'est ici que vous pouvez harnacher vos sentiments et les utiliser pour « turbocharger » ce que vous voulez dans la vie.

Vous pouvez utiliser intentionnellement vos sentiments pour transmettre une fréquence plus puissante et favoriser la manifestation d'un événement, tout simplement en donnant plus d'intensité à vos *émotions*.

MICHAEL BERNARD BECKWITH

Vous pouvez dès maintenant commencer à vous sentir en santé. Vous pouvez commencer à vous sentir prospère. Vous pouvez commencer à sentir l'amour qui vous entoure, même s'il n'est pas présent. Et l'Univers fera en sorte que votre vie corresponde à la nature de votre chant. L'Univers fera en sorte que votre vie corresponde à la nature de vos sentiments intérieurs.

Alors, que ressentez-vous maintenant ? Prenez quelques instants pour réfléchir aux sentiments qui vous habitent. Si vous ne vous sentez pas aussi bien que vous le souhaiteriez, concentrez-vous sur ce que vous *ressentez* à l'intérieur et donnez intentionnellement un caractère positif à vos sentiments. En vous concentrant intensément sur vos sentiments, avec l'intention d'améliorer votre humeur, vous pourrez sans difficulté leur donner une note positive. Un moyen d'y arriver consiste à fermer les yeux (à éloigner toute distraction), à se concentrer sur ce que l'on ressent en son for intérieur, et à sourire pendant une minute.

LISA NICHOLS

Vos pensées et vos sentiments façonnent votre vie. Il en sera toujours ainsi. C'est garanti !

Tout comme la loi la gravité, la loi de l'attraction ne se trompe jamais. On ne voit jamais de cochons voler parce que la loi de la gravité a fait une erreur et a oublié de soumettre les cochons à la gravité ce jour-là. De même, il n'y a pas d'exception à la loi de l'attraction. Si quelque chose vous arrive, vous l'avez attiré, par le biais d'une pensée soutenue. La loi de l'attraction est précise.

MICHAEL BERNARD BECKWITH

C'est difficile à avaler, mais lorsqu'on commence à s'ouvrir à cette idée, les répercussions sont impressionnantes. Cela signifie que ce que toute pensée a provoqué dans votre vie peut être inversé consciemment.

Vous avez le pouvoir de tout changer, car c'est vous qui choisissez vos pensées; vous êtes le seul à ressentir vos émotions.

« Comme nous avançons dans la vie, ainsi créons-nous notre propre univers. »

Dʀ JOE VITALE

Il est très important que vous vous sentiez bien, car ce sont ces sentiments qui sont envoyés comme un signal dans l'Univers et qui attirent des sentiments similaires. Donc, plus vous vous sentez bien, plus vous attirez de circonstances qui contribueront à votre bien-être, et plus vous êtes en mesure d'entretenir cet état de béatitude.

BOB PROCTOR

Lorsque vous vous sentez déprimé, savez-vous que
vous pouvez modifier votre humeur en un instant ?
Écoutez une belle œuvre musicale, ou chantez, cela
modifiera vos émotions. Pensez à quelque chose de
beau. Pensez à un bébé ou à quelqu'un que vous
aimez profondément, et imprégnez-vous de ces
images. Gardez cette pensée bien vivante dans votre
esprit. Empêchez toute autre pensée de l'altérer.
Je vous assure que vous vous sentirez mieux.

Dressez une liste de quelques déclencheurs secrets
que vous pourrez toujours avoir sous la main. Par déclencheurs secrets, j'entends des choses qui pourront
modifier vos sentiments en un éclair. Il peut s'agir de
merveilleux souvenirs, d'événements futurs, de
moments amusants, de la nature, d'une personne que
vous aimez, de votre musique favorite. Lorsque vous
vous sentirez en colère, frustré ou de mauvaise humeur, tournez-vous vers votre liste de déclencheurs
secrets et concentrez-vous sur l'un d'eux. Différents
déclencheurs agiront à différents moments. Donc, si
un déclencheur ne donne aucun résultat, essayez-en
un autre. Il suffit d'une minute ou deux pour se
« recanaliser » et passer à une autre fréquence.

L'amour :
la plus grande émotion

JAMES RAY

PHILOSOPHE, CONFÉRENCIER, AUTEUR ET
CONCEPTEUR DE PROGRAMMES SUR LA PROSPÉRITÉ
ET LE POTENTIEL HUMAIN

*Par exemple, le principe du bien-être s'applique à
vos animaux familiers. Les animaux sont
merveilleux, car ils vous mettent dans un état
émotionnel fantastique. Lorsque vous éprouvez de
l'amour pour vos animaux, la force de ce sentiment
ne peut qu'accroître votre bien-être. Quel don !*

« C'est la combinaison de la pensée et de l'amour qui
confère à la loi de l'attraction sa force irrésistible. »

Charles Haanel

Il n'y a pas de plus grand pouvoir dans l'Univers que
le pouvoir de l'amour. Ce sentiment est la fréquence
la plus élevée que vous puissiez émettre. Si vous
pouviez envelopper d'amour chacune de vos pensées,
si vous pouviez aimer tout et tout le monde, votre vie
s'en trouverait transformée.

De fait, certains des plus grands penseurs du passé
font référence à la loi de l'attraction comme à la loi de
l'amour. Et si on y pense bien, on comprend pourquoi. Si vous nourrissez des pensées malveillantes
envers quelqu'un, ces pensées seront redirigées vers

vous. Vous ne pouvez pas faire mal à autrui avec vos pensées, vous ne pouvez que vous blesser vous-même. Si vos pensées sont empreintes d'amour, devinez qui en bénéficiera : vous ! Donc, si votre état d'esprit prédominant est empreint d'amour, la loi de l'attraction, ou loi de l'amour, réagira avec une force colossale, car vous aurez syntonisé la fréquence la plus élevée qui soit. Plus grand sera l'amour que vous ressentirez et émettrez, plus grand sera le pouvoir que vous harnacherez et que vous mettrez au service.

« Le principe qui confère à la pensée le pouvoir dynamique d'établir une corrélation avec son objet, et par conséquent de maîtriser chaque expérience humaine adverse, est la loi de l'attraction, ou loi de l'amour. Il s'agit d'un principe éternel et fondamental qui est inhérent à toute chose, dans toute doctrine philosophique, dans toute religion et dans toute science. On ne peut échapper à la loi de l'amour. C'est le sentiment qui transmet sa vitalité à la pensée. Le sentiment est désir et le désir est amour. La pensée imprégnée d'amour devient invincible. »

Charles Haanel

 MARCI SHIMOFF

C'est une fois que vous commencez à comprendre et à véritablement maîtriser vos pensées et vos sentiments, que vous commencez à voir comment vous façonnez votre propre réalité. C'est là que se trouve votre liberté, c'est là que se trouve votre pouvoir.

Marci Shimoff nous offre une merveilleuse citation du grand Albert Einstein : « La question la plus importante que tout être humain peut se poser est : "L'Univers est-il amical ?" »

Connaissant la loi de l'attraction, la seule réponse à cette question est : « Oui, l'Univers est amical. » Pourquoi ? Parce qu'en répondant ainsi, c'est ainsi qu'il sera, selon les préceptes de la loi de l'attraction. Albert Einstein a formulé cette grande question parce qu'il connaissait Le Secret. Il savait qu'en posant cette question, il nous pousserait à réfléchir et à faire un choix. Il nous a ainsi offert une merveilleuse occasion.

Pour pousser l'intention d'Albert Einstein un peu plus loin, vous pouvez affirmer et proclamer : « Ceci est un Univers magnifique. L'Univers ne m'apporte que de bonnes choses. L'Univers conspire à mon avantage en toutes choses. L'Univers me soutient dans tout ce que je fais. L'Univers répond à tous mes besoins sur-le-champ. » *Reconnaissez* qu'il s'agit d'un Univers amical !

JACK CANFIELD

Depuis que je connais Le Secret et que j'ai commencé à l'appliquer dans ma vie, celle-ci est véritablement devenue magique. Je crois que le genre de vie dont tout le monde rêve est celui que je connais chaque jour. Je vis dans une résidence de 4,5 millions de dollars. J'ai une femme pour qui je donnerais ma vie. Je vais en vacances dans les plus merveilleux endroits du globe. J'ai gravi des montagnes. J'ai exploré le monde. J'ai fait des

safaris. Et tout ceci s'est produit, et continue de se produire, parce que j'ai appris à appliquer Le Secret.

BOB PROCTOR

La vie peut être absolument phénoménale, et elle devrait l'être, et elle le sera lorsque vous commencerez à utiliser Le Secret.

Il s'agit de *votre* vie et elle attend que vous la découvriez ! Jusqu'à maintenant, vous avez peut-être pensé que la vie était un rude combat et la loi de l'attraction a fait en sorte que votre vie soit un rude combat. Commencez dès maintenant à dire à l'Univers : « La vie est si facile ! La vie est si bonne ! Il ne m'arrive que de bonnes choses ! »

Il y a au plus profond de vous une vérité qui attend d'être découverte et cette Vérité est la suivante : *vous méritez tout ce que la vie a de bon à offrir.* Vous le savez dans votre for intérieur, parce que vous vous sentez affreusement mal lorsque ces bonnes choses vous manquent. Vous y avez droit ! Vous êtes votre propre créateur et la loi de l'attraction est l'outil merveilleux dont vous disposez pour créer absolument tout ce que vous voulez dans la vie.

Bienvenue dans le monde magique de la vie et dans Votre propre grandeur !

Le Secret en bref

🌿 La loi de l'attraction est une loi de la nature. Elle est aussi impartiale que la loi de la gravité.

🌿 Rien ne peut survenir dans votre vie à moins que vous en ayez demandé la manifestation par le biais de pensées soutenues.

🌿 Pour savoir ce que vous pensez, demandez-vous comment vous vous sentez. Les émotions sont des outils précieux qui nous renseignent instantanément sur la nature de nos pensées.

🌿 Il est impossible de se sentir mal et d'avoir en même temps des pensées positives.

🌿 Vos pensées déterminent la fréquence sur laquelle vous vous trouvez et vos sentiments vous renseignent immédiatement. Lorsque vous vous sentez mal, vous émettez une fréquence qui ne fera qu'attirer davantage de désagréments. Lorsque vous vous sentez bien, vous attirez davantage de circonstances positives dans votre vie.

🌿 Les déclencheurs secrets, tels des souvenirs agréables, la nature ou votre musique favorite, peuvent modifier vos sentiments et changer en un instant la fréquence sur laquelle vous vous trouvez.

🌿 Le sentiment d'amour est la fréquence la plus élevée que vous puissiez émettre. Plus grand est l'amour que vous ressentez et que vous émettez, plus grand est le pouvoir que vous harnachez, que vous maîtrisez et mettez au service des autres et de vous-même.

Comment utiliser le Secret

Vous êtes un créateur et la création devient un processus aisé grâce à la loi de l'attraction. Les plus grands maîtres nous ont fait part du processus créateur à travers leurs travaux, sous une myriade de formes. Certains grands professeurs ont écrit des fables afin de démontrer le fonctionnement de l'Univers. La sagesse contenue dans ces récits nous a été transmise au fil des siècles et est devenue légendaire. Un grand nombre de nos contemporains ne réalisent pas que l'essence de ces textes constitue la vérité même de la vie.

 JAMES RAY

Prenons Aladin et sa lampe magique. Aladin prend la lampe, la frotte et il en émerge un génie. Le génie dit toujours la même chose :

« Vos désirs sont des ordres ! »

Il est question de trois souhaits dans le conte, mais si l'on remonte à ses origines, on constate qu'il n'y avait absolument aucune limite à cet égard.

Retenez plutôt cette version.

Prenez cette métaphore et appliquez-la à votre vie. Rappelez-vous que c'est Aladin qui demande ce qu'il veut. Et puis, il y a l'Univers dans son ensemble, qui est le génie. Diverses traditions lui ont donné de nombreux noms : ange gardien, conscience supérieure. Nous pouvons y apposer n'importe quelle étiquette et choisir celle qui nous convient le mieux. Toutefois, chaque tradition nous a dit qu'il existait quelque chose de plus grand que nous. Et le génie dit toujours la même chose :

« Vos désirs sont des ordres ! »

Cette merveilleuse histoire démontre comment votre vie tout entière et tout ce qu'elle renferme ont été créés par Vous. Le génie a tout simplement obéi à chacun de vos ordres. Le génie est la loi de l'attraction, et il est toujours présent, toujours à l'écoute de tout ce que vous pensez, dites et faites. Le génie présume que tout ce à quoi vous pensez, vous le voulez ! Que tout ce dont vous parlez, vous le voulez ! Que chacun des gestes que vous posez, vous le voulez ! Vous êtes le Maître de l'Univers, et le génie est là pour vous servir. Le génie ne remet jamais vos ordres en question. Vous les pensez, et le génie met immédiatement l'Univers en branle, par le biais des gens, des circonstances et des événements, afin d'exaucer vos souhaits.

Le processus créateur

Le processus créateur inhérent au Secret, inspiré du Nouveau Testament de la Bible, est un modèle facile à suivre si vous voulez créer tout ce que vous voulez, en trois étapes simples.

Étape n° 1 : Demandez

LISA NICHOLS

La première étape consiste à demander. Donnez un ordre à l'Univers. Dites-lui ce que vous voulez. L'Univers répond à vos pensées.

BOB PROCTOR

Que désirez-vous vraiment ? Assoyez-vous et écrivez-le sur un bout de papier. Employez le présent de l'indicatif. Vous pouvez commencer ainsi : « Je suis tellement heureux et reconnaissant de… » Et vous pouvez ensuite expliquer comment vous voulez que soit votre vie, dans tous les domaines.

Choisissez ce que vous voulez obtenir et exprimez-le clairement. C'est à vous seul qu'incombe cette tâche. Si vous n'êtes pas précis, la loi de l'attraction sera incapable de vous donner ce que vous voulez. Vous émettrez une fréquence brouillée et vous n'obtiendrez que des résultats mitigés. Pour la première fois dans votre vie, peut-être, déterminez ce que vous voulez vraiment. Sachant maintenant que vous pouvez avoir, être ou faire n'importe quoi, et qu'il n'y a aucune limite, que voulez-vous ?

La demande est la première étape du processus créateur. Prenez donc l'habitude de demander. S'il vous faut faire un choix et que vous êtes indécis, demandez ! Vous ne devriez jamais demeurer dans l'incertitude. Demandez tout simplement !

Dʀ Joe Vitale

C'est réellement amusant. C'est comme si l'Univers était un catalogue. On le feuillette et on dit : « J'aimerais vivre cette expérience, j'aimerais avoir cet article et j'aimerais connaître une personne comme celle-ci. » C'est Vous qui passez votre commande auprès de l'Univers. C'est aussi simple que cela.

Il n'est pas nécessaire de demander encore et encore. Une seule requête suffit. C'est exactement comme commander un article figurant dans un catalogue. Vous ne le commandez qu'une fois. Vous ne passez pas votre commande pour ensuite douter qu'elle a été bien reçue et commander à nouveau. Vous commandez une seule fois. Il en va de même avec le processus créateur. La première étape vous permet tout simplement de déterminer clairement ce que vous voulez. Une fois que vous avez précisé vos désirs dans votre esprit, vous demandez.

Étape n° 2 : Croyez

LISA NICHOLS

La deuxième étape consiste à croire. Croyez que vous avez déjà ce que vous voulez. Ayez ce que j'aime appeler une foi inébranlable. Croyez en l'invisible.

Vous devez croire que vous avez reçu ce que vous avez demandé. Vous devez savoir que ce que vous voulez vous appartient au moment même où vous en faites la demande. Vous devez avoir une foi totale et absolue. Si vous aviez commandé un article figurant dans un catalogue, vous seriez détendu, vous seriez certain de le recevoir, et vous continueriez à vaquer tranquillement à vos occupations.

« Dites-vous que les choses que vous voulez vous appartiennent déjà. Sachez qu'elles viendront à vous au moment opportun. Accueillez-les à ce moment-là. Ne vous laissez pas envahir par l'agitation et l'inquiétude. Ne pensez pas à leur absence dans votre vie. Pensez qu'elles sont vôtres, qu'elles vous appartiennent, qu'elles sont déjà en votre possession. »

Robert Collier (1885-1950)

Dès que vous demandez quelque chose, et *croyez* et *savez* que vous l'avez déjà obtenu dans l'invisible, l'Univers tout entier se met en branle pour vous l'offrir dans le monde visible. Vous devez agir, parler et penser comme si vous le receviez *maintenant*. Pourquoi ? Parce que l'Univers est un miroir et que la loi de l'attraction vous renvoie vos pensées dominantes. Alors n'est-il pas sensé que vous vous visualisiez en train de recevoir ce que vous avez demandé ?

Si vos pensées convergent sur le fait que vous n'avez encore rien obtenu, c'est ce que vous attirerez. Vous devez croire que vous avez déjà ce que vous voulez. Vous devez croire que vous l'avez reçu. Vous devez émettre la fréquence émotionnelle correspondant au désir exaucé, de manière à concrétiser ces images dans votre vie. Lorsque vous le faites, la loi de l'attraction met en branle les circonstances, les gens et les événements qui vous permettront de recevoir ce que vous avez demandé.

Lorsque vous faites une réservation pour des vacances, que vous commandiez une nouvelle voiture ou achetiez une maison, vous savez que cela vous appartient. Vous ne feriez pas une seconde réservation, ne commanderiez pas une autre voiture ou n'achèteriez pas une autre maison par mesure de précaution. Si vous gagnez à la loterie ou héritez d'une grosse somme, vous savez que cet argent est vôtre avant même de le toucher. Vous savez donc ce que c'est que de croire. Croire que c'est à vous. Croire que vous l'avez déjà. Croire que vous avez reçu. Réclamez les choses que vous voulez en sentant et en croyant qu'elles sont vôtres. La loi de l'attraction mettra alors en branle les circonstances, les gens et les événements pour que vous receviez ce que vous voulez.

Comment arriver à croire ainsi? Commencez par jouer à faire semblant. Soyez comme un enfant et laissez aller votre imagination. Agissez comme si vous aviez déjà ce que vous voulez. En vous prêtant à cet exercice de visualisation, vous commencerez à *croire* que vous avez déjà reçu ce que vous avez demandé. Le génie répond à vos pensées prédominantes en tout temps, et non pas uniquement au moment où vous formulez une requête. C'est pourquoi vous devez continuer à *croire* et à *savoir*. Ayez la foi. Cette certitude et cette foi inébranlable représentent votre plus grand pouvoir. Une fois que vous croyez que vous recevez, préparez-vous, et admirez la magie !

« Vous pouvez avoir tout ce que vous voulez, si vous savez comment en façonner le moule dans votre esprit. Il n'y a aucun rêve qui ne puisse se réaliser si vous apprenez à utiliser la force créatrice qui est en vous. Les méthodes qui fonctionnent pour l'un fonctionneront pour tous. La clé du pouvoir réside dans l'utilisation de ce que vous avez… librement, pleinement… ouvrant ainsi tout grand vos canaux afin de permettre à la force créatrice de couler en vous encore plus intensément. »

Robert Collier

Dᴿ Joe Vitale

L'Univers se restructurera pour exaucer vos vœux.

Jack Canfield

La majorité d'entre nous ne nous sommes jamais permis de désirer ce que nous voulons vraiment, parce que nous n'arrivons pas à imaginer comment cela pourrait se réaliser.

Bob Proctor

Il suffit de faire un peu de recherche pour constater que tous ceux qui ont accompli quelque chose ignoraient comment ils allaient y arriver. Ils savaient seulement qu'ils réussiraient.

Dᴿ Joe Vitale

Il n'est pas nécessaire que vous sachiez comment vos prières seront exaucées. Il n'est pas nécessaire que vous sachiez comment l'Univers se restructurera.

Le comment ne vous concerne pas. Permettez à l'Univers de travailler pour vous. Lorsque vous tentez de déterminer *comment* cela se produira, vous émettez une fréquence qui traduit un manque de foi, vous dites que vous ne croyez pas avoir déjà reçu ce que vous avez demandé. Vous pensez alors que *vous* devez agir, et vous ne croyez pas que l'Univers le fera *pour* vous. Le *comment* ne fait pas partie du processus créateur.

BOB PROCTOR

Vous ne savez pas comment vos désirs se matérialiseront, mais vous attirerez les circonstances propices.

LISA NICHOLS

La plupart du temps, nous éprouvons de la frustration lorsque nous ne voyons pas immédiatement la matérialisation de nos requêtes. Nous sommes déçus. Et nous commençons à douter. Le doute fait naître un sentiment de contrariété. Prenez ce doute et inversez-le. Prenez conscience de ce sentiment et remplacez-le par une foi inébranlable. «Je sais que mon souhait est sur le point d'être exaucé.»

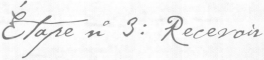

Étape n° 3: Recevoir

LISA NICHOLS

La troisième et dernière étape du processus consiste à recevoir. Commencez à ressentir de l'allégresse. Imaginez comment vous vous sentirez lorsque vous aurez obtenu ce que vous voulez. Laissez-vous envahir par cette émotion dès maintenant.

MARCI SHIMOFF

Et dans ce processus, il est important de se sentir bien, d'être heureux, car lorsque vous vous sentez

bien, vous syntonisez la fréquence correspondant à
ce que vous voulez.

MICHAEL BERNARD BECKWITH

Notre Univers est un monde d'émotions. Si vous
vous contentez de croire intellectuellement à quelque
chose, sans entretenir un sentiment correspondant
à cette croyance, vous n'aurez pas nécessairement
assez de pouvoir pour générer la manifestation de ce
que vous voulez dans votre vie. Vous devez le sentir.

Demandez une fois, croyez que vous avez reçu ce que
vous souhaitez, et il vous suffira de vous sentir bien
pour le recevoir. Lorsque vous vous sentez bien, vous
syntonisez la fréquence de la réception. Vous émettez
la fréquence qui fera venir à vous toutes les bonnes
choses de la vie, et vous recevrez ce que vous avez demandé. Vous ne demanderiez rien qui va à l'encontre
de votre bien-être n'est-ce pas ? Donc, syntonisez la
fréquence du bien-être, et c'est ce que vous recevrez.

Pour syntoniser rapidement cette fréquence, il suffit de
se dire : «*Je reçois maintenant. Je reçois ce qu'il y a de mieux*
dans la vie, maintenant. Je reçois [ce que vous désirez]
maintenant.» Et *sentez*-le. *Sentez*-le jusqu'à ce que vous
l'ayez reçu.

Mon amie très chère, Marci, est l'une des plus grandes
« créatrices » que je connaisse, et elle *sent* tout. Elle *sent*
ce que ce serait que d'avoir ce qu'elle demande. Elle
sent tout et elle le concrétise. Elle ne patauge pas dans

les *comment*, les *quand* ni les *où*. Elle se contente de *sentir* ce qu'elle désire et ses désirs se matérialisent.

Donc, *sentez-vous bien* maintenant.

BOB PROCTOR

Lorsque vous transformez ce rêve en réalité, vous êtes alors en mesure de créer des rêves de plus en plus grands. C'est cela, mon ami ou mon amie, le processus créateur.

« Et tout ce que vous demanderez dans une prière pleine de foi, vous l'obtiendrez. »

(Matthieu 21, 22)

« C'est pourquoi je vous dis : tout ce que vous demandez en priant, croyez que vous l'avez déjà reçu, et cela vous sera accordé. »

(Marc 11, 24)

BOB DOYLE

La loi de l'attraction, son étude et sa pratique consistent simplement à déterminer ce qui vous aidera à générer le sentiment associé à l'obtention immédiate de ce que vous voulez. Allez essayer cette nouvelle voiture. Cherchez cette nouvelle maison. Entrez-y. Faites tout ce qu'il faut pour sentir que vous avez déjà ce que vous voulez, et rappelez-vous l'émotion que cela a fait naître en vous. Tout ce que vous ferez pour éprouver ce sentiment vous aidera à attirer tout ce que vous voulez.

Lorsque vous vous *sentez* comme si votre souhait avait déjà été exaucé, que ce sentiment est si réel que vous avez effectivement l'impression d'avoir reçu ce que vous avez demandé, vous croyez et vous recevrez.

BOB DOYLE

Vous pourriez très bien vous réveiller, et voilà. Votre souhait se serait matérialisé. Ou vous pourriez avoir une idée de génie quant aux mesures à prendre. Vous ne devriez certainement pas dire : « Eh bien, je pourrais faire ceci, mais je détesterais ça. » Si c'est le cas, vous n'êtes pas sur la bonne voie.

Une action sera parfois nécessaire, mais si vous le faites vraiment en harmonie avec ce que l'Univers tente de vous apporter, vous ressentirez de l'allégresse. Vous vous sentirez extrêmement vivant. Le temps s'arrêtera tout simplement. Vous aurez le sentiment de pouvoir y consacrer toute la journée.

Pour certaines personnes, le mot *action* fait parfois penser à « travail ». Toutefois, vous n'aurez pas l'impression de travailler en effectuant un geste inspiré. La distinction entre le geste inspiré et l'action est celle-ci : le geste inspiré est celui que vous faites pour recevoir. Si vous tentez consciemment d'obtenir quelque chose, vous faites un pas en arrière. Le geste inspiré ne demande aucun effort, et il génère un sentiment très agréable parce qu'il vous place sur la fréquence de la réception.

Comparez la vie à une rivière aux flots tumultueux. Si vous agissez dans le but de provoquer un événement, vous aurez l'impression d'aller à contre-courant. Cela sera ardu et vous devrez lutter. Si vous agissez dans le but de recevoir quelque chose de l'Univers, vous aurez le sentiment de cheminer avec le courant de la rivière. Tout vous semblera facile. C'est le sentiment que génère le geste inspiré, le fait d'être en harmonie avec le courant de l'Univers et de la vie.

Parfois, ce ne sera qu'au moment de recevoir que vous prendrez conscience d'avoir fait un « geste », car il ne vous aura apporté que du bien-être. En rétrospective, vous verrez la magie avec laquelle l'Univers vous a dirigé vers ce que vous vouliez en exauçant vos vœux.

Dʀ Joe Vitale

L'Univers aime la vitesse. Ne tardez pas. N'hésitez pas. Ne doutez pas. Lorsque l'occasion se présente, lorsque l'impulsion est là, lorsqu'une poussée intuitive vous interpelle, agissez. C'est à vous d'agir. C'est tout.

Faites confiance à votre instinct. C'est l'Univers qui vous inspire. C'est l'Univers qui communique avec vous en syntonisant la fréquence de la réception. Si vous êtes habité d'une intuition ou vous sentez poussé par un instinct, ne résistez pas, et vous constaterez que l'Univers agit magnétiquement, comme s'il l'attirait avec un aimant, afin de vous apporter ce que vous avez demandé.

BOB PROCTOR

Vous attirerez tout ce dont vous avez besoin.
Si vous avez besoin d'argent, vous l'attirerez. Si
vous avez besoin de quelqu'un, vous l'attirerez.
Si vous avez besoin d'un livre en particulier, vous
l'attirerez. Vous devez prêter attention à ce qui vous
plaît, car en projetant dans votre esprit les images
de ce que vous voulez, vous serez attiré par ce
qu'elles représentent et vous appellerez leur
manifestation dans votre vie. Ces images entreront
dans la réalité physique avec et à travers vous.
Elles sont régies par la loi.

Rappelez-vous que vous êtes un aimant, que vous attirez tout à vous. Lorsque vous aurez clairement défini ce que vous voulez, toutes ces choses se dirigeront magnétiquement vers vous. Plus vous vous exercerez et constaterez les effets de la loi de l'attraction, plus vous deviendrez magnétique, car vous utiliserez le pouvoir de la foi, de la croyance et du savoir.

MICHAEL BERNARD BECKWITH

Vous pouvez partir de zéro et de ce néant une voie se
dessinera.

Vous n'avez besoin que de Vous, et de votre habileté à imaginer la concrétisation de vos désirs. Tout ce qui a été inventé et créé pendant le règne de l'humanité a commencé par une pensée. Et à partir de cette seule pensée, une voie s'est dessinée, a surgi de l'invisible pour se manifester dans le visible.

JACK CANFIELD

Pensez à une voiture roulant dans la nuit. Ses phares n'éclairent qu'à 30 ou 60 mètres devant, mais vous pouvez faire le trajet de la Californie à New York dans le noir, car vous n'avez pas à voir à plus de 60 mètres devant vous. Et c'est ainsi que la vie a tendance à se dérouler. Si vous avez la conviction que vous y verrez clair de 60 mètres en 60 mètres, votre vie continuera à se dérouler. Et elle vous amènera finalement à destination, à ce que vous voulez vraiment, parce que tel est votre désir.

Ayez confiance en l'Univers. Ayez confiance, croyez et ayez la foi. Je n'avais vraiment aucune idée de la façon dont j'allais illustrer la connaissance du Secret sur le grand écran. Je m'en suis simplement tenue à ma vision. Je voyais clairement le résultat dans mon esprit, je le sentais dans tout mon être, et tout ce dont nous avons eu besoin pour créer *Le Secret* est venu à nous.

> « Faites le premier pas sur le chemin de la foi.
> Vous n'avez pas à le parcourir entièrement, juste
> à faire le premier pas. »
> *Martin Luther King* (1929-1968)

Le Secret et votre corps

Voyons maintenant comment mettre le processus créateur au profit de ceux qui estiment avoir un excès de poids et qui souhaitent perdre quelques kilos.

Premièrement, il faut savoir que si vous vous concentrez sur l'idée de perdre du poids, vous ne faites qu'attirer davantage de pensées liées à cette idée. Donc, rayez de votre esprit la pensée selon laquelle «vous devez perdre du poids». En vous concentrant sur cette idée, vous entretiendrez une pensée soutenue qui fera en sorte que vous aurez constamment besoin de perdre du poids.

Deuxièmement, vous devez comprendre que ce surplus de poids est le résultat de vos pensées. En termes simples, si un individu est obèse, c'est qu'il a entretenu des «pensées axées sur l'obésité», consciemment ou inconsciemment. Inversement, l'individu qui a des «pensées axées sur la minceur» ne peut pas être obèse. Cela défie complètement la loi de l'attraction.

Qu'importe si les personnes souffrant d'un excès de poids ont toujours cru qu'elles avaient une glande thyroïde paresseuse, un métabolisme lent ou un penchant héréditaire à l'obésité, ce ne sont là que des prétextes pour entretenir des «pensées axées sur l'obésité». Si vous admettez que l'une ou l'autre de ces conditions s'applique à vous, et que vous y croyez, cela deviendra votre réalité, et continuera d'attirer à vous des kilos additionnels.

Après la naissance de mes deux filles, je me suis retrouvée avec un excès de poids, et je sais que cela était attribuable au fait que j'avais lu et écouté des messages selon lesquels il est difficile de perdre du poids après avoir eu un bébé, et encore davantage après un deuxième. J'avais alimenté mon esprit avec ces « pensées axées sur l'obésité », et j'avais ainsi gardé mes kilos superflus. Je faisais réellement « du lard », et plus je m'en préoccupais, plus je grossissais. Malgré une petite ossature, j'ai atteint 65 kilos, uniquement parce que j'entretenais des « pensées axées sur l'obésité ».

J'étais persuadée, conformément à la croyance populaire, que c'était la nourriture qui était responsable de mon gain de poids. C'est une croyance qui ne peut que nous nuire, et elle n'est maintenant pour moi que des balivernes ! La nourriture n'est pas responsable d'un excès de poids. C'est en *pensant* qu'elle en est responsable qu'elle le devient. Rappelez-vous que les pensées sont la cause première de tout et que le reste n'est que les effets de ces pensées. Ayez des pensées parfaites et vous aurez un poids idéal.

Libérez-vous de toutes ces pensées restrictives. La nourriture ne peut pas vous faire gagner du poids, à moins que vous ne *pensiez* qu'elle puisse en être responsable.

Par définition, le poids idéal est le poids avec lequel vous vous *sentez* bien. L'opinion des autres ne compte pas. Le poids idéal est le poids qui n'altère en rien votre bien-être.

Vous connaissez sans doute quelqu'un qui est mince, qui mange comme un ogre et qui proclame fièrement : « Je peux manger tout ce que je veux et je ne prends jamais un kilo. » Donc, le génie de l'Univers dit : « Vos désirs sont des ordres ! »

Pour attirer un poids idéal et un corps parfait au moyen du processus créateur, suivez ces étapes :

Étape n° 1 : Demandez

Déterminez clairement le poids que vous souhaitez avoir. Projetez dans votre esprit une image de vous-même ayant atteint ce poids idéal. Si vous en avez, regardez des photos de vous-même qui ont été prises à une époque où vous aviez ce poids idéal. Sinon, trouvez des photos de gens qui ont le corps de vos rêves et contemplez-les souvent.

Étape n° 2 : Croyez

Vous devez croire que vous recevrez ce que vous avez demandé et que ce poids idéal est déjà le vôtre. Vous devez imaginer, prétendre, agir comme si, faire semblant que ce poids idéal est le vôtre. Vous devez vous visualiser en train de recevoir ce poids idéal.

Prenez un bout de papier et inscrivez-y votre poids idéal. Placez-le au-dessus du cadran de votre pèse-personne, ou ne vous pesez pas du tout. Ne contredisez pas ce que vous avez demandé avec vos pensées, vos paroles et vos gestes. N'achetez pas de vêtements à votre taille. Ayez la foi et concentrez-vous sur les vêtements que vous achèterez plus tard. Attirez le poids idéal est comme passer une commande à partir du catalogue de l'Univers. Vous feuilletez le catalogue, choisissez le poids idéal, passez votre commande, et il vous sera livré.

Faites vôtre l'intention de chercher, d'admirer et de louanger intérieurement les gens dont le corps correspond à votre perception du corps idéal. Soyez à l'affût de ces gens, et en les admirant et en vous habitant de ce sentiment, vous attirerez à vous un corps similaire. Si vous voyez des gens qui ont un excès de poids, ne les regardez pas et projetez immédiatement dans votre esprit cette image de vous ayant un corps parfait, et *sentez*-le.

Étape n° 3 : Recevez

Vous devez être bien dans votre peau. Vous devez vous sentir bien avec Vous si vous voulez attirer le poids idéal. Si vous n'êtes pas à l'aise dans votre corps, cela génère un sentiment puissant, et vous continuerez à attirer cette sensation de malaise. Vous n'arriverez jamais à changer votre corps si vous le critiquez et lui trouvez des défauts, et vous n'attirerez alors que des kilos supplémentaires. Louangez et bénissez chaque centimètre carré de votre corps. Pensez à tout ce qu'il y a de parfait chez Vous. En entretenant des pensées parfaites, en vous sentant bien dans Votre peau, vous syntonisez la fréquence de votre poids idéal, et vous commandez la perfection.

Dans l'un de ses ouvrages, Wallace Wattles nous donne un merveilleux conseil à propos de l'alimentation. Il nous recommande de nous concentrer entièrement sur l'exercice de la mastication lorsque nous mangeons. Laissez-vous consciemment habiter par la sensation qu'apporte l'absorption de nourriture, et ne permettez pas à votre esprit de se laisser distraire. Soyez présent dans votre corps et soyez reconnaissant pour ces moments pendant lesquels vous mastiquez et avalez ces aliments.

Faites cette expérience lors de votre prochain repas. Lorsqu'on est entièrement présent pendant que l'on mange, la saveur de la nourriture est intense et magnifique. Lorsqu'on laisse vagabonder son esprit, cette saveur devient pratiquement imperceptible. Je suis convaincue qu'en arrivant à manger dans le présent, entièrement concentré sur cette expérience plaisante, la nourriture est alors parfaitement assimilée par notre organisme, et le résultat dans notre corps *doit* alors se traduire par la perfection.

Pour en terminer avec cette anecdote sur mon excès de poids, je suis heureuse de vous dire que j'ai retrouvé mon poids idéal, soit 52 kilos, et que je peux manger tout ce que je veux. Donc, concentrez-vous sur votre poids idéal !

Combien de temps cela prend-il ?

Dʳ Joe Vitale

Voici une autre chose qui préoccupe les gens :
« Combien de temps cela prendra-t-il pour que se
manifeste dans ma vie la voiture, la relation ou
l'argent que je souhaite ? » Je ne connais aucune
règle qui dit que cela prendra 30 minutes ou 3 jours
ou 30 jours. Ce qui compte surtout, c'est d'être
en harmonie avec l'Univers lui-même.

Le temps n'est qu'une illusion. Albert Einstein nous l'a
dit. Si c'est la première fois que vous en entendez
parler, vous trouverez peut-être ce concept difficile à
saisir, car vous voyez quantité d'événements se produire les uns après les autres. Ce que les physiciens
quantiques et Albert Einstein nous disent, c'est que
tout arrive simultanément. Si vous arrivez à comprendre que le temps n'existe pas, et à accepter ce concept, alors vous verrez que tout ce que vous désirez
obtenir dans l'avenir existe déjà. Si tout arrive en
même temps, alors il existe *déjà* une version parallèle de
vous-même qui possède tout ce que vous voulez !

L'Univers n'a pas besoin de temps pour matérialiser
ce que vous voulez. Tout délai est attribuable au
temps que vous prenez pour arriver à croire, savoir et
sentir que vous avez déjà ce que vous voulez. Vous

devez syntoniser la fréquence correspondant à ce que vous voulez. Lorsque vous l'aurez fait, ce que vous voulez apparaîtra.

BOB DOYLE

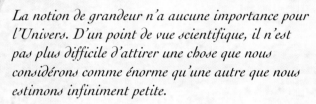

La notion de grandeur n'a aucune importance pour l'Univers. D'un point de vue scientifique, il n'est pas plus difficile d'attirer une chose que nous considérons comme énorme qu'une autre que nous estimons infiniment petite.

L'Univers fait tout sans le moindre effort. L'herbe ne fait aucun effort pour pousser. Tout relève d'un plan merveilleux.

Tout relève de ce qui se passe dans votre esprit. Tout relève de ce que nous projetons lorsque nous disons : « Ceci est énorme et cela prendra un certain temps. » « Ceci est petit. Je lui donne une heure pour se manifester. » Ce sont là des règles que nous avons définies. Mais selon l'Univers, il n'y a pas de règles. Fournissez-lui l'émotion correspondant à un vœu déjà exaucé et il répondra, peu importe la nature de votre requête.

Pour l'Univers, les notions de temps et de grandeur n'existent pas. Pour lui, il est aussi facile de générer un dollar qu'un million de dollars. C'est le même processus, et si ce million tarde à se matérialiser dans votre vie, c'est uniquement parce que vous croyez qu'un million de dollars est une grosse somme d'argent et qu'un dollar est une somme dérisoire.

BOB DOYLE

Certaines personnes se sentent plus à l'aise avec l'idée d'exprimer des désirs modestes, et c'est pourquoi nous leur conseillons parfois de commencer doucement, comme par une tasse de café. Aujourd'hui, faites vôtre l'intention d'attirer une tasse de café.

BOB PROCTOR

Visualisez-vous en train de parler à un vieil ami que vous n'avez pas vu depuis longtemps. D'une manière ou d'une autre, vous entendrez parler de lui. Il vous téléphonera ou vous écrira.

Le fait de commencer par de petites choses est un moyen facile de voir de ses propres yeux la loi de l'attraction en pleine action. Permettez-moi de vous faire part du cas d'un jeune homme qui l'a fait. Il a vu *Le Secret* et il a décidé de formuler une requête modeste.

Il a projeté dans son esprit l'image d'une plume d'oiseau et il s'est assuré que cette plume soit unique. Il a imaginé des motifs particuliers de manière à savoir hors de tout doute qu'il s'agissait bien de cette plume si elle venait à se manifester dans sa vie par suite de son utilisation intentionnelle de la loi de l'attraction.

Deux jours plus tard, il était sur le point d'entrer dans un gratte-ciel de New York. Il dit qu'il ne sait pas pourquoi il a regardé par terre. Et à ses pieds, à l'entrée de cet édifice new-yorkais, se trouvait la plume !

Pas n'importe quelle plume d'oiseau, mais exactement celle qu'il avait imaginée. Elle était identique à l'image qu'il avait créée dans son esprit, avec ses motifs uniques.

À cet instant, il a su, sans l'ombre d'un doute, qu'il s'agissait d'une manifestation de la loi de l'attraction dans toute sa gloire. Il a réalisé qu'il avait l'extraordinaire faculté d'attirer quelque chose à lui grâce au seul pouvoir de son esprit. Et c'est maintenant avec une foi inébranlable qu'il formule ses désirs en se montrant beaucoup plus ambitieux.

DAVID SCHIRMER
FORMATEUR EN INVESTISSEMENT, PROFESSEUR ET GESTIONNAIRE DE FORTUNES

Les gens sont étonnés de la facilité avec laquelle je trouve des places de stationnement. J'y arrive sans mal depuis que j'ai compris Le Secret. Je visualise une aire de stationnement à l'endroit même où je le veux et 95 % du temps elle est là, et je n'ai qu'à m'y garer. Cinq pour cent du temps, je dois attendre une minute ou deux pour qu'un automobiliste la libère. Je fais constamment cet exercice.

Maintenant, vous comprenez peut-être pourquoi une personne qui dit : « Je trouve toujours un emplacement pour me garer » le trouve. Ou pourquoi une personne qui dit : « J'ai vraiment beaucoup de chance. Je gagne des tas de choses, très souvent » gagne effectivement une chose après l'autre, sans cesse. Ces gens s'*attendent* à cela. Commencez à vous attendre à

de grandes choses, et vous créerez ainsi votre vie à
l'avance.

Créez votre journée à l'avance

Vous pouvez utiliser la loi de l'attraction pour façonner votre vie tout entière à l'avance, tout comme
la prochaine activité à laquelle vous vous adonnerez
aujourd'hui. Prentice Mulford, un professeur dont les
écrits regorgent de connaissances intuitives sur la loi
de l'attraction et son utilisation démontre à quel point
il est important de *penser votre journée à l'avance*.

> « Lorsque vous vous dites : *"Cette visite sera agréable
> ou je ferai un beau voyage"*, vous projetez littéralement
> hors de votre corps des éléments et des forces qui
> feront en sorte que cette visite ou ce voyage sera
> agréable. Si vous êtes de mauvaise humeur, craintif
> ou inquiet avant de partir, vous envoyez des ondes
> qui vous apporteront des désagréments. Nos
> pensées ou, autrement dit, notre état d'esprit, sont
> toujours à l'œuvre et en train d'organiser les choses
> à l'avance, bonnes ou mauvaises. »
>
> *Prentice Mulford*

Prentice Mulford a écrit ces mots dans les années
1870. Quel pionnier ! On peut manifestement voir à
quel point il est important de *penser à l'avance* chaque

événement de chaque jour. Vous avez sans doute déjà fait l'expérience du contraire pour en connaître l'une de ses conséquences, c'est-à-dire en ayant à courir toute la journée.

Si vous devez courir ainsi, sachez que vos pensées et vos gestes trouvent leur fondement dans la peur (la crainte d'être en retard) et que vous « arrangez » à l'avance des situations désagréables. En continuant à vous hâter, vous attirez sur votre route un désagrément après l'autre. De plus, la loi de l'attraction « arrangera » encore *davantage* de circonstances qui vous feront courir. Vous devez vous *arrêter* et changer de fréquence. Prenez quelques instants et « recanalisez-vous » si vous ne voulez pas attirer encore plus de désagréments.

Nombreux sont les gens, surtout dans les sociétés occidentales, qui courent sans cesse et qui se plaignent de *ne pas avoir assez de temps*. Eh bien, si quelqu'un manque de temps, c'est certainement en raison de la loi de l'attraction. Si vous courez après votre queue en entretenant des pensées axées sur le manque de temps, déclarez dès maintenant d'un ton catégorique : « J'ai plus de temps qu'il ne m'en faut », et changez votre vie.

Vous pouvez également tirer parti de l'attente pour façonner votre avenir. La prochaine fois que vous vous retrouverez dans une situation où il vous faut attendre, saisissez ce moment et imaginez que vous avez tout ce que vous voulez. Vous pouvez le faire en tout temps et en tous lieux. Donnez un caractère positif à chaque instant de votre vie !

Faites vôtre l'habitude quotidienne de déterminer à l'avance chaque événement de votre vie au moyen de vos pensées. Mettez en branle les forces de l'Univers dans tout ce que vous faites et partout où vous allez, en pensant *à l'avance* à la façon dont vous voulez que les choses se déroulent. Ainsi, vous façonnerez votre vie, intentionnellement.

Le Secret en bref

🌿 Comme le génie d'Aladin, la loi de l'attraction exauce chacun de vos souhaits.

🌿 Le processus créateur vous aide à créer ce que vous voulez grâce à trois étapes simples : demandez, croyez et recevez.

🌿 Demander à l'Univers ce que vous voulez est pour vous une occasion de déterminer vos désirs avec précision. En les formulant clairement dans votre esprit, vous exprimez votre demande.

🌿 Croire sous-entend agir, parler et penser comme si vous aviez déjà reçu ce que vous avez demandé. Lorsque vous émettez la fréquence correspondant à la chose reçue, la loi de l'attraction met en branle les gens, les événements et les circonstances afin que vous receviez ce que vous avez demandé.

🌿 Recevoir fait appel au sentiment que vous éprouverez une fois que votre souhait sera exaucé. En vous sentant bien maintenant, vous syntonisez la fréquence associée à ce que vous voulez.

🌿 Pour perdre du poids, ne vous concentrez pas sur l'idée de «maigrir». Concentrez-vous plutôt sur votre poids idéal. Sentez à quel point ce serait agréable d'avoir ce poids idéal et vous l'attirerez à vous.

🌿 L'Univers n'a pas besoin de temps pour matérialiser ce que vous désirez. Pour lui, il est aussi facile de créer un dollar qu'un million de dollars.

🌿 Le fait de commencer à demander de petites choses, comme une tasse de café ou une place de stationnement, est un moyen facile de voir la loi de l'attraction en pleine action. Projetez puissamment l'intention d'attirer une petite chose. En prenant conscience de votre pouvoir d'attraction, vous deviendrez plus ambitieux et viserez plus haut.

🌿 Créez votre journée à l'avance en pensant à la façon dont vous souhaitez qu'elle se déroule et vous façonnerez votre vie intentionnellement.

Des processus puissants

Dr Joe Vitale

Un bon nombre de gens se sentent coincés, prisonniers des circonstances. Quelle que soit votre situation actuelle, c'est votre réalité, et cette réalité commencera à changer dès que vous commencerez à utiliser Le Secret.

Votre réalité ou votre vie actuelle sont le résultat des pensées que vous avez entretenues. Cette réalité changera du tout au tout si vous commencez à modifier vos pensées et vos sentiments.

« Qu'un homme puisse se changer lui-même…
et maîtriser sa propre destinée est la conclusion
à laquelle parvient tout esprit qui est pleinement
conscient du pouvoir de l'intention. »

Christian D. Larson (1866-1954)

LISA NICHOLS

Lorsque vous voulez changer les circonstances de votre vie, vous devez d'abord changer votre façon de penser. Chaque fois que vous dépouillez votre courrier en vous attendant à y trouver une facture, devinez quoi, il y en aura une. Chaque jour, vous redoutez de recevoir une facture ! Vous n'attendez jamais rien d'extraordinaire. Vous pensez à vos dettes, vous vous attendez à avoir des dettes. Les dettes doivent donc se matérialiser pour vous prouver que vous n'êtes pas fou. Et chaque jour, vous implantez un peu plus cette pensée dans votre esprit. Y aura-t-il une facture dans mon courrier ? Oui, il y en aura une. Pourquoi ? Parce que vous vous y attendez. Elle y est, parce que la loi de l'attraction obéit toujours à vos pensées. Faites-vous une faveur, attendez-vous à recevoir un chèque !

L'anticipation est une force d'attraction très puissante, car elle attire les choses à vous. Comme le dit Bob Proctor : « Le désir vous relie aux choses que vous désirez et l'anticipation les attire dans votre vie. » Attendez-vous à recevoir les choses que vous voulez, et évitez d'anticiper ce que vous ne désirez pas. À quoi vous attendez-vous maintenant ?

JAMES RAY

La majorité des gens se disent, en contemplant leur situation courante : « Voici ce que je suis. » Non, ce n'est pas ce que vous êtes. C'est ce que vous étiez. Supposons, par exemple, que vous n'avez pas assez d'argent à la banque, ou que vous ne vivez pas la relation amoureuse que vous souhaitez, ou que votre santé et votre forme physique ne sont pas optimales. Ce n'est pas ce que vous êtes ; c'est le résultat résiduel de vos pensées et de vos gestes antérieurs. Donc, nous vivons constamment avec les reliquats de nos pensées et des gestes que nous avons posés. Lorsque vous contemplez votre situation courante et que vous vous définissez en fonction de celle-ci, vous vous condamnez à vivre dans une situation identique dans l'avenir.

« Tout ce que nous sommes résulte de nos pensées. »

Bouddha (536 av. J.-C. – 480 av. J.-C.)

J'aimerais vous faire part d'un processus que Neville Goddard a exposé dans une conférence donnée en 1954 et intitulée « Les cisailles de la révision ». Ce processus a eu une grande influence sur ma vie. Neville recommande que, à la fin de chaque journée, avant d'aller au lit, vous passiez en revue tous les événements du jour. Si un événement ou un moment ne s'est pas déroulé comme vous le vouliez, visualisez-le autrement, sous un angle positif. En recréant ces événements dans votre esprit de la façon dont vous auriez aimé qu'ils se déroulent, vous effacez la fréquence que vous aviez syntonisée dans la journée et vous émettez un nouveau signal et une nouvelle fréquence pour le lendemain. Vous créez ainsi intentionnellement de nouvelles images dans lesquelles s'inscrira votre avenir. Il n'est jamais trop tard pour modifier ces images.

Le puissant processus de la gratitude

D^R JOE VITALE

Que pouvez-vous faire dès maintenant pour commencer à transformer votre vie ? Premièrement, dressez une liste de choses pour lesquelles vous éprouvez de la reconnaissance. Cela « recanalise » votre énergie et amorce un revirement dans votre façon de penser. Avant de faire cet exercice, vous vous concentriez peut-être sur ce que vous n'aviez pas, sur vos doléances et vos problèmes, mais vous allez maintenant dans une direction différente. Vous commencez à éprouver de la gratitude pour toutes ces choses qui contribuent à votre bien-être.

« Si c'est pour vous une idée nouvelle que la gratitude met l'esprit tout entier en étroite harmonie avec les énergies créatrices de l'Univers, réfléchissez-y bien, et vous constaterez que c'est vrai. »

Wallace Wattles (1860-1911)

MARCI SCIMOFF

La gratitude est l'outil par excellence pour qui veut enrichir sa vie.

Dʀ JOHN GRAY
PSYCHOLOGUE, AUTEUR ET CONFÉRENCIER INTERNATIONAL

Lorsque l'épouse est touchée par les petites attentions que son mari a pour elle, qu'a-t-il envie de faire? Il veut en faire plus. C'est toujours une question de satisfaction. Elle met les choses en place. Elle attire le soutien.

Dʀ JOHN DEMARTINI

Nous attirons tout ce à quoi nous pensons et tout ce pour quoi nous sommes reconnaissants.

JAMES RAY

La gratitude a été un exercice formidablement puissant pour moi. Chaque matin, je me lève et je dis : «Merci.» Chaque matin, lorsque je pose les pieds sur le sol, je dis : «Merci.» Et puis j'entreprends de passer en revue tout ce pour quoi j'éprouve de la gratitude, pendant que je me brosse les dents et que je m'adonne à mes activités matinales. Et je ne fais pas que penser à ces choses en faisant ma petite routine. Je les exprime haut et fort, et je me laisse envahir par un sentiment de gratitude.

Je n'oublierai jamais le jour où nous avons filmé James Ray en train de nous faire part de ce puissant exercice de gratitude. Depuis, le processus de James fait partie de ma vie. Chaque matin, je ne me lève pas tant que je ne me sens pas habitée par un sentiment de gratitude pour cette nouvelle journée et tout ce pour quoi je suis reconnaissante dans ma vie. Ensuite, je sors du lit et en touchant le sol, je dis : « Merci. » Et à chaque pas que je fais en direction de la salle de bain, je dis : « Merci ». Je continue à dire « merci » et je me laisse envahir par un sentiment de gratitude pendant que je prends ma douche et que je me prépare. Lorsque je suis prête à commencer ma journée, j'ai déjà dit « merci » des centaines de fois.

Je façonne ainsi ma journée et tout ce qu'elle renfermera. Je syntonise une fréquence et je déclare en toute conscience comment je souhaite que ma journée se déroule, plutôt que de sortir du lit et de laisser cette journée prendre le contrôle de moi-même. Il n'existe pas de façon plus puissante de démarrer la journée. Vous êtes le créateur de votre vie. Commencez donc par créer intentionnellement chacune de vos journées !

La gratitude est un élément fondamental de l'enseignement de tous les grands maîtres qui nous ont précédés. Dans l'ouvrage qui a changé ma vie, *La science de l'enrichissement*, écrit par Wallace Wattles en 1910, le plus long chapitre porte sur la gratitude. Dans le film *Le Secret*, chaque professeur nous dit intégrer la gratitude dans chacune de ses journées. La majorité d'entre eux commencent la journée avec des pensées et des sentiments de gratitude.

Joe Sugarman, un homme merveilleux et un entrepreneur prospère, a vu le film et a communiqué avec moi. Il m'a confié que son passage préféré était celui qui traitait du processus de la gratitude, et que son utilisation avait contribué à tout ce qu'il avait accompli dans sa vie. Malgré toutes les réussites que Joe a attirées à lui, il continue à exprimer sa gratitude chaque jour, même pour les plus petites choses. Lorsqu'il trouve une place de stationnement, il dit toujours : « Merci ». Joe connaît le pouvoir de la gratitude et il est conscient de tout ce qu'elle lui a apporté, et il en fait son mode de vie.

Forte de tout ce que j'ai lu et de tout ce que j'ai vécu dans ma propre vie en appliquant Le Secret, je peux affirmer que c'est le pouvoir de la gratitude qui prime à mes yeux. Si vous ne faites qu'une chose avec la connaissance du Secret, choisissez d'exprimer votre gratitude jusqu'à ce que cela devienne un mode de vie.

Dʀ Joe Vitale

Dès que vous commencerez à voir différemment ce que vous avez déjà, vous commencerez à attirer davantage de ces bonnes choses. Davantage de choses pour lesquelles vous pourrez être reconnaissant. Vous pourriez regarder autour de vous et dire : « Eh bien, je n'ai pas la voiture que je veux. Je n'ai pas la maison que je veux. Je n'ai pas le conjoint que je veux. Je n'ai pas la santé que je veux. » Holà ! Reculez, reculez ! Ce ne sont que des choses que vous ne voulez pas. Concentrez-vous sur les choses que vous avez déjà et pour lesquelles vous êtes reconnaissant. Et cela pourrait être la chance d'avoir des yeux pour lire cet ouvrage. Cela pourrait être les vêtements que vous possédez. Oui, il est possible que vous vouliez autre chose, et vous

pourriez l'obtenir très bientôt, si vous commencez à
éprouver de la gratitude pour ce que vous avez déjà.

« De nombreuses personnes qui ordonnent bien leur
vie à tous les autres points de vue demeurent dans la
pauvreté s'ils ne font pas preuve de gratitude. »

Wallace Wattles

Il est impossible d'enrichir votre vie si vous n'éprouvez
pas de gratitude pour ce que vous avez. Pourquoi ?
Parce que les pensées et les sentiments que vous émettez en n'étant pas reconnaissant sont des émotions
négatives. Que ce soit de la jalousie, du ressentiment,
de l'insatisfaction ou un sentiment d'incomplétude, ces
émotions ne peuvent pas vous apporter ce que vous
voulez. Elles ne peuvent qu'attirer à vous davantage de
choses que vous ne souhaitez pas. Ces émotions
négatives empêchent les bonnes choses de venir à vous.
Si vous voulez une nouvelle voiture, mais que vous
n'êtes pas reconnaissant pour celle que vous avez déjà,
ce sera la fréquence dominante que vous émettrez.

Éprouvez de la gratitude pour ce que vous avez déjà.
Lorsque vous commencerez à penser à tout ce dont
vous êtes reconnaissant dans votre vie, vous serez
étonné par les pensées qui afflueront dans votre esprit
à propos d'autres choses pour lesquelles vous pouvez
exprimer de la gratitude. Il suffit de commencer, et la
loi de l'attraction captera ces pensées et vous enverra
des pensées jumelles. Vous aurez syntonisé la fréquence de la gratitude et toutes les bonnes choses
seront à vous.

« La pratique quotidienne de la gratitude est l'une
des voies qu'empruntera la richesse
pour venir à vous. »

Wallace Wattles

LEE BROWER
FORMATEUR ET EXPERT EN GESTION DE FORTUNES, AUTEUR ET PROFESSEUR

*Je crois qu'il arrive à tout le monde de dire parfois :
« Les choses ne tournent pas rond » ou « Les choses
vont mal ». Un jour, alors que ma famille vivait des
moments difficiles, j'ai trouvé un caillou, et je me
suis assis, le tenant dans ma main. Je l'ai ensuite
enfoui dans ma poche et j'ai dit : « Chaque fois que
je toucherai ce caillou, je penserai à une chose pour
laquelle je suis reconnaissant. » Donc, chaque
matin lorsque je me lève, je prends le caillou qui se
trouve sur ma commode, je le mets dans ma poche
et je passe en revue ce pour quoi j'éprouve de la
gratitude. Le soir, que fais-je ? Je vide mes poches,
et le caillou est encore là.*

*J'ai eu quelques expériences étonnantes grâce à
cette idée. Un jour, un Sud-Africain m'a vu laisser
tomber par mégarde mon caillou et il m'a
demandé : « Qu'est-ce que c'est ? » Je le lui ai
expliqué et il a baptisé mon caillou « pierre de
gratitude ». Deux semaines plus tard, j'ai reçu un
courriel de sa part, en provenance d'Afrique du Sud.
Il me disait : « Mon fils est atteint d'une maladie
rare et il est mourant. Il a un type d'hépatite.
Auriez-vous l'obligeance de m'envoyer trois pierres*

*de gratitude ? » Je n'avais que des cailloux
ordinaires que j'avais trouvés au bord de la route.
Mais je lui ai quand même répondu : « Bien sûr. »
Je devais m'assurer que les cailloux seraient très
spéciaux. Je suis donc allé à la rivière où j'ai trouvé
les pierres idéales, et je les lui ai envoyées.*

*Quatre ou cinq mois plus tard, j'ai reçu un autre
courriel. Il me disait : « Mon fils se porte mieux, il
va même très bien. » Et il ajoutait : « Mais vous
devez savoir quelque chose. Nous avons vendu plus
d'un millier de cailloux à dix dollars pièce à titre de
pierres de gratitude et les fonds ont été versés à des
œuvres de bienfaisance. Merci beaucoup. »*

*Donc, il est très important d'adopter une « attitude
de gratitude ».*

Le grand scientifique Albert Einstein a révolutionné
la façon de concevoir le temps, l'espace et la gravité.
Après une enfance vécue dans la pauvreté et des dé-
buts sans éclat, il semblait peu probable qu'il puisse
accomplir tout ce qu'il a accompli. Albert Einstein en
connaissait long sur Le Secret et il disait « merci » des
centaines de fois chaque jour. Il remerciait tous les
grands scientifiques qui l'avaient précédé. Il les remerciait pour leurs contributions qui lui avaient permis
d'apprendre et d'aller encore plus loin dans ses propres
travaux et, en définitive, de devenir l'un des plus grands
savants qui n'aient jamais vécu.

L'une des applications les plus puissantes de la gratitude peut être intégrée au processus créateur pour

« turbocharger » ce que vous voulez. Comme le conseille Bob Proctor dans *Demandez*, la première étape du processus, commencez par coucher sur papier ce que vous voulez. « Commencez chaque phrase par : *« Je suis tellement heureux et reconnaissant maintenant que… »* (Complétez ensuite l'énoncé).

Lorsque vous formulez des remerciements comme si vous aviez déjà reçu ce que vous voulez, vous envoyez un puissant signal à l'Univers. Ce signal indique que vous avez déjà ce que vous voulez parce que vous éprouvez de la gratitude. Chaque matin, avant de vous lever, prenez l'habitude de vous pénétrer *à l'avance* d'un sentiment de gratitude pour la merveilleuse journée qui s'annonce, comme si vous l'aviez déjà vécue.

À partir du moment où j'ai découvert Le Secret et formulé la vision de partager cette connaissance avec le monde, j'ai dit « merci » chaque jour pour le film *Le Secret* qui apporterait la joie au monde. Je n'avais aucune idée de la façon dont nous présenterions cette connaissance à l'écran, mais j'avais confiance en notre capacité d'attirer le moyen qui nous permettrait de le faire. Je suis demeurée concentrée sur mon but et son résultat. J'ai ressenti un profond sentiment de gratitude à l'avance. C'est devenu un état d'esprit, et les digues se sont ouvertes et la magie est entrée dans ma vie et dans celle des membres de la magnifique équipe du *Secret*. Nous sommes toujours habités d'un sincère sentiment de gratitude. Cette gratitude émane de nous en tout temps, et c'est devenu notre mode de vie.

Le puissant processus de la visualisation

La visualisation est un processus qui a été enseigné par tous les grands maîtres, anciens et contemporains. Dans son ouvrage intitulé *The Master Key System*[1], écrit en 1912, Charles Haanel propose 24 exercices hebdomadaires à qui veut maîtriser l'art de la visualisation. (Plus important encore, l'ensemble de son système vous aidera également à devenir le maître de vos pensées).

Si la visualisation est si puissante, c'est parce qu'en créant dans votre esprit des images de vous-même possédant ce que vous voulez, vous générez des pensées et des sentiments associés à la matérialisation de vos désirs. La visualisation est tout simplement l'expression imagée d'une pensée soutenue, qui génère en même temps des sentiments très intenses. Lorsque vous visualisez, vous émettez une fréquence puissante dans l'Univers. La loi de l'attraction captera ce signal et vous le renverra sous forme d'images, exactement comme si vous les aviez projetées dans votre esprit.

DR DENIS WAITLEY

Je me suis inspiré du Visual Motor Rehearsal, le processus de visualisation du programme Apollo, et je l'ai intégré au programme olympique durant les années 1980 et 1990.

Lorsque vous visualisez, vous matérialisez. Voici un fait intéressant à propos de l'esprit : nous avons demandé à des athlètes olympiques de courir leur épreuve en esprit seulement, et puis nous les avons branchés à un équipement sophistiqué de rétroaction biologique. Fait incroyable, les mêmes muscles se trouvaient activés, dans la même séquence, aussi bien lorsqu'ils imaginaient leur course que lorsqu'ils se trouvaient sur la piste. Comment cela était-il possible ? Tout simplement parce que l'esprit ne peut faire la distinction entre l'action réelle et l'imaginaire. Ce qui se produit dans votre esprit se produit également dans votre corps.

Pensez aux inventeurs et à leurs inventions. Les frères Wright et l'avion. George Eastman et le film photographique. Thomas Edison et l'ampoule électrique. Alexander Graham Bell et le téléphone. Absolument tout a été inventé ou créé parce que quelqu'un en a d'abord vu une image dans son esprit. En entretenant des pensées axées vers le résultat, ces créateurs ont amené toutes les forces de l'Univers à matérialiser leurs inventions dans le monde, *à travers* eux.

Ces hommes connaissaient Le Secret. Ces hommes avaient une foi inébranlable dans l'invisible, et ils connaissaient ce pouvoir intérieur qui leur permettait de mettre l'Univers en branle et de matérialiser leur invention dans le monde visible. Leur foi et leur imagination sont à l'origine de l'évolution de l'humanité et nous récoltons chaque jour les fruits de leur esprit créatif.

Vous vous dites peut-être : «*Mon esprit est différent de celui de ces grands inventeurs.*» Vous vous dites peut-être : «*Ils pouvaient imaginer ces choses-là, mais j'en suis incapable.*» Vous ne pourriez vous trouver plus loin de la vérité. Mais si vous persévérez dans cette grande découverte de la connaissance du Secret, vous apprendrez que vous avez non seulement un esprit comme le leur, mais qu'il est encore plus puissant.

MIKE DOOLEY

Lorsque vous visualisez, lorsque vous projetez des images sur l'écran de votre esprit, attardez-vous toujours et pleinement au résultat final.

Voici un exemple. Regardez le dos de vos mains, maintenant. Regardez vraiment le dos de vos mains : la couleur de votre peau, vos taches de rousseur, vos vaisseaux sanguins, vos bagues, vos ongles. Absorbez tous ces détails. Juste avant de fermer les yeux, voyez ces mains et ces doigts se refermer sur le volant d'une voiture toute neuve.

Dᴿ JOE VITALE

C'est une expérience holographique tellement extraordinaire, si réelle, que vous ne ressentez même pas le besoin d'acquérir cette voiture, car vous avez vraiment l'impression de la posséder déjà.

Les propos de Joe Vitale résument brillamment le résultat que vous souhaitez obtenir lorsque vous faites de la visualisation. Lorsque vous avez un choc en ouvrant les yeux sur le monde physique, votre vision est devenue réalité. Mais cet état, cet univers *sont* la réalité. C'est le champ dans lequel tout est créé, et le monde physique n'est que le *résultat* du champ *réel* de toute création. C'est pour cette raison que vous ne ressentez plus ce besoin, parce que vous en avez syntonisé la fréquence et que vous avez senti le champ *réel* de la création grâce à la visualisation. Dans ce champ, vous possédez tout, maintenant. Lorsque vous le sentirez, vous comprendrez.

JACK CANFIELD

C'est le sentiment qui crée vraiment l'attraction, et non pas uniquement la projection ou la pensée. Un grand nombre de gens pensent : « Si j'ai des pensées positives, ou si je me visualise possédant ce que je veux, cela suffira. » Mais si vous le faites sans avoir l'impression que vous baignez dans l'abondance, ou sans vous sentir rempli d'amour ou de joie, le pouvoir de l'attraction n'agira pas.

BOB DOYLE

Vous vous voyez vraiment au volant de cette voiture. Vous ne vous contentez pas de dire : « J'aimerais avoir cette voiture » ou « Un jour, j'aurai cette voiture », car il y a un sentiment bien défini qui est associé à de tels énoncés. Ils ne se situent pas dans le présent. Ils se situent dans l'avenir. Si vous entretenez ce sentiment, il demeurera pour toujours dans l'avenir.

MICHAEL BERNARD BECKWITH

Ce sentiment et cette vision intérieure deviendront une porte ouverte à travers laquelle le pouvoir de l'Univers commencera à s'exprimer.

« Je ne saurais dire quel est ce pouvoir. Tout ce que je sais, c'est qu'il existe. »

Alexander Graham Bell (1847-1922)

JACK CANFIELD

Notre tâche ne consiste pas à trouver le « comment ». Le « comment » naîtra de l'engagement et de la croyance dans le quoi.

MIKE DOOLEY

Les « comment » sont du domaine de l'Univers. Il connaît toujours le chemin le plus court, le plus rapide, le plus harmonieux qui vous relie à votre rêve.

DR JOE VITALE

Si vous vous en remettez à l'Univers, vous serez surpris et ébloui par ce qu'il vous donnera. C'est là que la magie et les miracles se produisent.

Les professeurs du Secret sont tous conscients des éléments qui entrent en jeu lors de la visualisation. En projetant une image dans votre esprit et en la sentant, vous vous mettez en état de croire que ce qu'elle représente vous appartient déjà. Vous confirmez ainsi votre confiance et votre foi en l'Univers, car vous vous concentrez sur le résultat final et vous ressentez l'émotion qui y correspond, sans vous soucier du « comment ». Vos sentiments en voient la matérialisation. Votre esprit et votre être tout entier voient l'événement comme *s'étant déjà produit*. Voilà ce qu'est l'art de la visualisation.

Dᴿ Joe Vitale

Vous voudrez faire cet exercice pratiquement tous les jours, mais cela ne devra jamais être une corvée. Le plus important, c'est de se sentir bien. Vous voulez vous sentir exalté par l'ensemble du processus. Vous voulez être aussi euphorique, heureux et en harmonie avec vous-même que possible.

Tout le monde a le pouvoir de visualiser. Permettez-moi de vous le prouver avec la visualisation d'une cuisine. Pour que cela fonctionne, vous devez tout d'abord vider votre esprit de toutes les images se rapportant à votre cuisine. Ne pensez *pas* à votre cuisine. Faites le vide dans votre esprit, retirez-y toutes ces images d'armoires, de réfrigérateur, de four, de tuiles et de combinaisons de couleurs…

Vous avez vu une image de votre cuisine dans votre esprit, n'est-ce pas ? Eh bien, vous venez tout juste de visualiser !

« Tout le monde visualise, que ce soit consciemment ou inconsciemment. La visualisation est le grand secret du succès. »

Geneviève Behrend (1881-1960)

Voici un conseil à propos de la visualisation dont le
Dr John Demartini nous fait part dans ses séminaires
intitulés « Breakthrough Experience ». John dit que
la représentation d'une image statique dans notre esprit
peut être difficile à conserver. Donc, mettez beaucoup
de mouvement dans les images que vous projetez.

Pour mieux comprendre, pensez à nouveau à votre
cuisine, et imaginez cette fois que vous y entrez, que
vous vous dirigez vers le réfrigérateur et que vous
posez la main sur la poignée, ouvrez la porte, regardez à l'intérieur et y trouvez une bouteille d'eau
froide. Prenez-la. Vous pouvez sentir la fraîcheur de
la bouteille sur votre paume. Vous avez la bouteille
d'eau dans une main et vous refermez la porte du
réfrigérateur de l'autre. Maintenant que vous visualisez votre cuisine en détail et avec du mouvement, il
est plus facile d'en voir et d'en retenir l'image, n'est-
ce pas ?

« Nous possédons tous plus de pouvoirs et de
possibilités que nous le croyions, et la visualisation
est l'un des plus grands de ces pouvoirs. »

Geneviève Behrend

Le puissant processus de l'action

MARCI SHIMOFF

La seule différence entre les gens qui vivent de cette manière, qui vivent dans la magie de la vie, et ceux qui ne le font pas, c'est que les gens qui vivent dans la magie de la vie ont adopté un mode de vie bien particulier. Ils ont pris l'habitude d'utiliser la loi de l'attraction et la magie opère partout où ils vont. Parce qu'ils n'oublient pas de l'utiliser. Ils l'utilisent en tout temps et non pas seulement d'une manière ponctuelle.

Voici deux histoires vraies qui illustrent clairement le pouvoir de la loi de l'attraction et montrent la matrice immaculée de l'Univers en pleine action.

La première est celle d'une femme prénommée Jeannie. Elle avait acheté un DVD du film *Le Secret* et elle le visionnait au moins une fois par jour afin d'absorber son message et d'en imprégner toutes les cellules de son corps. Elle a été particulièrement impressionnée par Bob Proctor et elle a pensé qu'il serait formidable de faire sa connaissance.

Un matin, en dépouillant son courrier, Jeannie a eu la surprise de découvrir que le facteur avait accidentellement déposé le courrier de Bob Proctor à son adresse. Ce que Jeannie ignorait, c'est que Bob

Proctor habitait à seulement quatre pâtés de maisons de chez elle ! Et ce n'est pas tout : le numéro de rue de leurs résidences respectives était le même. Jeannie est immédiatement allée livrer le courrier de Bob à la bonne adresse.

Pouvez-vous imaginer son ravissement lorsque la porte s'est ouverte et qu'elle s'est retrouvée en face de Bob ? Ce dernier est rarement chez lui, car il voyage à travers le monde pour animer des séminaires, mais la matrice de l'Univers ne connaît que la synchronisation parfaite. Il a suffi que Jeannie pense combien il serait merveilleux de rencontrer Bob Proctor pour que la loi de l'attraction mette en branle les gens, les circonstances et les événements pour que cela se produise.

La seconde histoire est celle d'un garçon de 10 ans, prénommé Colin, qui avait vu et adoré *Le Secret*. La famille de Colin était allée passer une semaine de vacances à Disney World et, dès la première journée, ils s'étaient retrouvés dans de longues files d'attente. Donc, le soir venu, juste avant de s'abandonner au sommeil, Colin a pensé : « *Demain, j'aimerais monter dans tous les gros manèges sans jamais devoir faire la queue.* »

Le lendemain matin, à l'ouverture de l'Epcot Center, Colin et sa famille se trouvaient devant le portail lorsqu'un membre du personnel de Disney s'est approché d'eux et leur a demandé s'ils aimeraient être la « première famille du jour ». En tant que première famille, ils bénéficiaient d'un statut d'hôtes de marque, de l'escorte d'un membre du personnel et d'un laissez-passer pour tous les grands manèges du parc d'attractions. C'était tout ce que Colin avait souhaité, et même plus !

Des centaines de familles attendaient d'entrer à Epcot Center ce matin-là, mais Colin n'avait pas le moindre doute quant à la raison pour laquelle sa famille avait été choisie « première famille du jour ». Il savait que c'était parce qu'il avait utilisé Le Secret. Imaginez ce que cela représente de découvrir, à l'âge de 10 ans, que le pouvoir de changer le monde se trouve en vous !

> « Rien ne peut empêcher ces images de se concrétiser sauf le même pouvoir qui leur a donné naissance. »
>
> *Geneviève Behrend*

JAMES RAY

Les gens s'y accrochent pendant un certain temps, et ils le font comme des champions. Ils disent : « Je suis galvanisé. J'ai vu ce film et je vais changer ma vie. » Cependant, les résultats se font attendre. Sous la surface, ils sont prêts à se manifester, mais les gens ne la creusent pas et disent : « Ça ne fonctionne pas. » Et vous savez quoi ? L'Univers dit : « Vos désirs sont des ordres », et votre rêve disparaît.

Lorsque vous permettez à une pensée teintée de doute de pénétrer dans votre esprit, la loi de l'attraction se hâte de la jumeler à une pensée similaire. Dès que le doute apparaît, libérez-vous immédiatement de cette pensée. Renvoyez-la. Remplacez-la par : « Je *sais* que je reçois ce que je veux, maintenant. » Et laissez-vous envahir par ce sentiment.

JOHN ASSARAF

Connaissant l'existence de la loi de l'attraction, je voulais réellement la mettre en application pour voir ce qui arriverait. En 1995, j'ai créé ce que j'ai appelé un Tableau de visualisation. J'y épinglais des images de ce que je voulais accomplir, et de choses que je voulais attirer, comme une voiture, une montre ou l'âme sœur. Chaque jour, assis dans mon bureau, je levais les yeux vers ce tableau et je me mettais à visualiser. Je me plongeais réellement dans l'état d'esprit qui serait le mien si cela m'appartenait déjà.

À cette époque, je m'apprêtais à déménager. Nous avions mis tous nos meubles et nos boîtes en entreposage, et j'ai par la suite vécu dans trois endroits différents en cinq ans. Je me suis finalement retrouvé en Californie, où j'ai acheté une maison. J'ai ensuite passé un an à la rénover avant de récupérer tout ce que contenait mon ancienne résidence cinq ans auparavant. Un matin, mon fils Keenan est entré dans mon bureau, et l'une des boîtes qui était demeurée fermée pendant cinq ans se trouvait sur le seuil. Il a demandé : « Qu'est-ce qu'il y a dans cette boîte, papa ? » J'ai répondu : « Ce sont mes tableaux de visualisation. » Il a enchaîné : « Qu'est-ce que c'est un tableau de visualisation ? »

J'ai dit : « Eh bien, c'est un tableau sur lequel j'affiche tous mes buts. Je découpe des images et je les épingle sur le tableau pour illustrer les objectifs que je veux atteindre dans ma vie. » Bien entendu, mon fils de cinq ans et demi n'a pas compris, et j'ai donc ajouté : « Mon trésor, laisse-moi te les montrer. C'est le moyen le plus facile. »

J'ai ouvert la boîte, et sur l'un des tableaux se trouvait une photo de la maison que j'avais visualisée cinq ans auparavant. Fait bouleversant, c'était exactement la maison dans laquelle nous vivions. Ce n'était pas une maison qui lui ressemblait — j'avais réellement acheté la maison de mes rêves, je l'avais rénovée, sans même m'en rendre compte. J'ai regardé cette image et je me suis mis à pleurer, parce que j'étais tout simplement étonné. Keenan m'a demandé : « Pourquoi pleures-tu ?
— Je comprends enfin comment fonctionne la loi de l'attraction. Je comprends enfin le pouvoir de la visualisation. Je comprends enfin tout ce que j'ai lu, tout ce avec quoi j'ai travaillé toute ma vie, les entreprises que j'ai bâties. La loi a également agi avec la maison, et c'est sans même m'en rendre compte que j'ai acheté la maison de mes rêves. »

« L'imagination est tout. C'est un avant-goût de ce que la vie nous réserve. »

Albert Einstein (1879-1955)

Vous pouvez donner libre cours à votre imagination avec un tableau de visualisation ; vous pouvez y afficher des illustrations de toutes les choses que vous voulez, de la vie que vous souhaitez. Assurez-vous de placer ce tableau à un endroit où vous pourrez le voir chaque jour, comme l'a fait John Assaraf. *Sentez* que vous avez déjà toutes ces choses. Lorsque vous les recevrez, et éprouverez de la gratitude, vous pourrez retirer ces images du tableau et en ajouter d'autres. C'est une merveilleuse façon d'initier les enfants à la loi de l'attraction. J'espère que la création d'un tableau de visualisation inspirera les parents et les professeurs du monde entier.

L'un des participants à notre forum nous a dit qu'il avait affiché une illustration du DVD du film *Le Secret* sur son tableau de visualisation. Cet homme avait vu le film, mais il n'en possédait pas son propre exemplaire. Deux jours après la création de son tableau de visualisation, j'ai eu l'idée de créer un concours : nous donnerions un DVD aux dix premières personnes qui afficheraient un message sur notre site Web. Il a été l'une de ces personnes ! Il a reçu un DVD du film *Le Secret* deux jours après avoir créé son tableau de visualisation. Qu'il s'agisse d'un DVD ou d'une maison, la joie de créer et de recevoir est extraordinaire !

L'expérience qu'a vécue ma mère lors de l'achat d'une maison est un autre excellent exemple du pouvoir de la visualisation. Outre ma mère, plusieurs personnes avaient fait une offre d'achat. Ma mère a décidé d'utiliser Le Secret pour que cette maison devienne la sienne.

Elle s'est assise et a écrit encore et encore son nom et l'adresse de la maison de ses rêves. Elle l'a fait jusqu'à ce qu'elle ait le sentiment qu'il s'agissait vraiment de sa nouvelle adresse. Elle a ensuite imaginé la disposition de ses meubles dans cette nouvelle maison. Quelques heures plus tard, elle a reçu un appel et elle apprenait que son offre avait été acceptée. Même si elle était euphorique, elle n'a pas été surprise parce qu'elle *savait* que cette maison était la sienne. Quelle championne !

JACK CANFIELD

Décidez de ce que vous voulez. Croyez que vous l'avez déjà. Croyez que vous le méritez et que cela fait partie du domaine du possible. Puis, fermez les yeux chaque jour pendant quelques minutes et imaginez que vous avez déjà ce que vous voulez ; sentez que vous l'avez déjà. Concentrez-vous sur ce pour quoi vous êtes déjà reconnaissant et appréciez-le vraiment. Commencez ensuite votre journée, remettez-la entre les mains de l'Univers et faites-lui confiance. Soyez certain qu'il trouvera le moyen de concrétiser vos rêves.

Le Secret en bref

🌿 L'attente est une puissante force d'attraction. Attendez-vous à recevoir les choses que vous voulez et rien d'autre.

🌿 La gratitude est un processus puissant qui vous permet de «recanaliser» votre énergie et d'attirer encore davantage de choses dans votre vie. Soyez reconnaissant pour ce que vous avez déjà et vous attirerez encore davantage de bonnes choses.

🌿 En exprimant vos remerciements à l'avance, vous «turbo-chargez» vos désirs et envoyez un signal puissant dans l'Univers.

🌿 La visualisation est le processus par lequel vous créez en esprit une image de vous-même qui aurait déjà vu son souhait exaucé. En visualisant, vous générez des pensées et des émotions puissantes, telles qu'elles seraient si vous aviez déjà ce dont vous avez envie. La loi de l'attraction vous renvoie ensuite cette réalité, exactement comme vous l'avez imaginée.

🌿 Pour tirer pleinement parti de la loi de l'attraction, faites-en une habitude de vie, et non une utilisation ponctuelle.

🌿 À la fin de chaque journée, avant de vous abandonner au sommeil, passez en revue les événements du jour. Si des événements ou des moments ne se sont pas déroulés à votre goût, faites-les défiler dans votre esprit tels que vous auriez aimé les vivre.

Le Secret et l'argent

« Tout ce que l'esprit peut concevoir et croire, il peut aussi le réaliser. »

W. Clement Stone (1902-2002)

JACK CANFIELD

Le Secret m'a véritablement transformé, car mon père était très négatif et il croyait que les gens riches volaient tout le monde, et que tous ceux qui avaient de l'argent avaient nécessairement dupé quelqu'un. J'ai donc grandi avec un grand nombre de croyances à propos de l'argent. J'ai cru qu'en posséder rendait mauvais, que seulement les gens méchants étaient riches, et que l'argent ne poussait pas dans les arbres. « Qui crois-tu que je suis ? Rockefeller ? » C'était l'une des phrases favorites de mon père. J'ai donc grandi avec la conviction que la vie était difficile. Ce n'est que lorsque j'ai fait la connaissance de W. Clement Stone que j'ai commencé à changer ma vie.

Lorsque j'ai travaillé avec lui, il m'a dit : « Je veux que vous vous fixiez un but qui soit si élevé que, lorsque vous l'atteindrez, cela vous renversera. Et je veux que vous sachiez que c'est uniquement grâce

à mon enseignement que vous avez réussi. » À cette
époque, je gagnais environ 8 000 dollars par année,
et j'ai donc dit : «Je veux gagner 100 000 dollars
par année. » Toutefois, je n'avais aucune idée de la
façon dont j'y arriverais. Je n'entrevoyais aucune
stratégie, aucune possibilité, mais je me suis tout
de même dit : « Je vais faire cette affirmation, je
vais y croire, je vais agir comme si c'était vrai,
et je vais projeter ce message. »
Et c'est ce que j'ai fait.

L'un des exercices qu'il m'a enseignés consiste à
fermer les yeux chaque jour et à visualiser mes buts
comme si je les avais déjà atteints. J'ai donc dessiné
un billet de banque de 100 000 dollars que j'ai collé
au plafond. C'était la première chose que je voyais le
matin en ouvrant les yeux, et cela me rappelait mon
intention. Ensuite, je fermais les yeux et je
visualisais le style de vie que j'aurais si je gagnais
100 000 dollars par année. Cependant, rien de
majeur ne s'est produit dans la trentaine de jours qui
ont suivi. Je n'ai pas eu d'idée de génie
et personne ne m'a offert davantage d'argent.

Environ quatre semaines plus tard, j'ai eu une idée
qui valait 100 000 dollars. Elle a tout simplement
surgi dans mon esprit. J'avais écrit un livre et je me
suis dit : « Si je réussis à vendre 400 000
exemplaires de mon livre à 25 sous chacun,
cela me donnera 100 000 dollars. » Mon livre
existait bel et bien, mais cette idée ne m'avait jamais
encore effleuré l'esprit. L'un des Secrets consiste à se
fier à ses intuitions et à agir en conséquence.

*J'ignorais comment j'arriverais à vendre 400 000
exemplaires de mon livre. Et puis, j'ai aperçu le*
National Enquirer *au supermarché. Je l'avais vu
des millions de fois et il faisait partie du décor. Mais
soudain, voilà qu'il me sautait aux yeux. J'ai
pensé :* « Si les gens connaissaient l'existence
de mon livre, il se trouverait certainement
400 000 lecteurs pour l'acheter. »

*Environ six semaines plus tard, j'ai donné une
conférence au Hunter College à New York devant
600 professeurs. Après mon allocution, une femme
s'est approchée de moi et a dit :* « C'était une
excellente conférence. Je veux vous interviewer.
Permettez-moi de vous laisser ma carte. » *Elle était
journaliste pigiste et elle vendait ses reportages au*
National Enquirer. *L'indicatif musical de
« La quatrième dimension » a résonné dans ma tête.
J'étais stupéfait : cela fonctionnait vraiment.
L'article est paru et les ventes de mon livre
ont pris leur envol.*

*Ce que je veux souligner, c'est que j'ai attiré dans
ma vie tous ces événements différents, incluant cette
journaliste. Bref, je n'ai pas gagné 100 000 dollars
cette année-là, mais plutôt 92 327 dollars. Mais
croyez-vous que cela m'a abattu et que j'ai dit :
« Ça ne fonctionne pas » ? Non. J'ai dit : « C'est
stupéfiant ! » Ma femme m'a donc dit : « Si ça
fonctionne pour 100 000 dollars, crois-tu que ça
fonctionnerait pour un million ? » Et j'ai répondu :
« Je ne sais pas, mais sans doute. Faisons un essai. »*

*Mon éditeur m'a remis un chèque de redevances pour
notre premier livre intitulé* Bouillon de poulet
pour l'âme. *Et il a inséré un bonhomme sourire
dans sa signature, car c'était le premier chèque
d'un million de dollars qu'il signait.*

*Je parle donc d'expérience, car j'ai fait le test.
Le Secret fonctionne-t-il vraiment? Nous l'avons
mis à l'épreuve. Il fonctionne parfaitement, et je vis
maintenant chaque jour de ma vie avec cette
certitude.*

La connaissance du Secret et l'utilisation de la loi
de l'attraction peuvent être appliquées à n'importe
quelle facette de votre vie. Le processus est le même
pour tout ce que vous voulez créer, et l'argent ne fait
pas exception.

Pour attirer l'argent, vous devez axer vos pensées sur la
richesse. Il est impossible d'attirer davantage d'argent
dans votre vie si vous vous attardez sur le fait que vous
n'en avez pas suffisamment, car vous entretenez ainsi
des pensées axées sur la privation. En vous concentrant
sur l'idée que vous n'avez pas assez d'argent, vous
créerez une profusion de circonstances associées à cette
situation. Vous devez vous concentrer sur la richesse
pour l'attirer à vous.

Vous devez émettre un nouveau signal avec vos
pensées, et ces pensées devraient être axées sur le fait
que vous avez actuellement plus d'argent qu'il ne vous
en faut. Il vous faut réellement faire appel à votre
imagination et agir comme si vous aviez déjà l'argent

que vous voulez. C'est un exercice tellement amusant ! En prétendant être riche et en vous prêtant à ce jeu, vous remarquerez instantanément que vous avez une meilleure attitude par rapport à l'argent et que, conséquemment, il commencera à affluer dans votre vie.

Le merveilleux témoignage de Jack a inspiré l'équipe du Secret à créer un chèque en blanc, téléchargeable gratuitement à partir de notre site Web, www.thesecret.tv. Ce chèque en blanc est pour vous, et il est émis par la Banque de l'Univers. Vous n'avez qu'à y inscrire votre nom et le montant voulu, et à le placer ensuite à un endroit où vous pourrez le voir tous les jours. Chaque fois que vous regarderez ce chèque, laissez-vous envahir par les émotions qui vous habiteraient si vous aviez déjà cet argent.

Imaginez-vous en train de le dépenser, imaginez toutes les choses que vous pourriez acheter et tout ce que vous feriez. Sentez à quel point cela serait merveilleux ! Sachez que cet argent vous appartient, parce que lorsque vous le demandez, il est à vous. Nous avons reçu des centaines de témoignages de gens qui ont attiré à eux de grosses sommes d'argent en utilisant le chèque du Secret. C'est un jeu amusant qui donne des résultats !

Attirez l'abondance

Si un individu n'a pas suffisamment d'argent, c'est uniquement parce qu'il *empêche* l'argent de venir à lui avec ses pensées. Toute pensée ou émotion négative *empêche* les bonnes choses de venir à vous, incluant l'argent. Ce n'est pas que l'argent est retenu par l'Univers, car tout l'argent dont vous avez besoin existe déjà dans l'invisible. Si vous n'en avez pas assez, c'est que vous interrompez le flux monétaire qui va dans votre direction, et vous le faites avec vos pensées. Vous devez faire basculer le plateau de la balance de vos pensées, et passer de la privation à la surabondance. Nourrissez des pensées axées sur l'abondance plutôt que sur la privation, et c'est l'abondance que vous attirerez dans votre vie.

Lorsque vous avez *besoin* d'argent, cela fait naître une puissante émotion en vous et, bien sûr, la loi de l'attraction continuera d'attirer ce *besoin* d'argent.

Je parle en connaissance de cause à propos de l'argent, car juste avant que je découvre le Secret, mes comptables m'ont annoncé que mon entreprise avait essuyé de lourdes pertes pendant l'année qui venait de s'écouler, et qu'elle ne serait plus qu'un souvenir trois mois plus tard. Après dix années de dur labeur, mon entreprise était sur le point de me glisser entre les doigts. Et comme j'avais *besoin* d'argent pour la sauver, les choses n'ont fait qu'empirer. Il semblait ne pas y avoir d'issue.

Et puis, j'ai découvert Le Secret, et tout dans ma vie, incluant la situation financière de mon entreprise, a complètement changé, parce que j'ai modifié le cours de mes pensées. Pendant que mes comptables continuaient à faire des histoires avec les chiffres sans penser à autre chose, je me suis concentrée sur l'abondance et sur un monde idéal. Je *savais* en mon for intérieur que l'Univers interviendrait et il l'a fait. Il l'a fait avec des moyens que j'aurais été incapable d'imaginer. J'ai parfois été assaillie par le doute, mais à chaque fois, j'ai immédiatement réorienté mes pensées vers le résultat que je souhaitais. J'ai dit « merci », j'ai ressenti la joie qu'apporte la réussite, et *j'ai cru* !

Je veux vous confier un secret du Secret. Le raccourci pour obtenir tout ce que vous voulez dans la vie consiste à ÊTRE heureux et à vous SENTIR heureux dès maintenant ! C'est la façon la plus rapide d'attirer l'argent et tout ce que vous voulez dans la vie. Irradiez la joie et le bonheur et lancez ces signaux dans l'Univers. Vous attirerez ainsi à vous toutes ces choses qui apportent joie et bonheur, ce qui inclut non seulement l'aisance financière, mais aussi absolument tout ce que vous voulez.

Vous devez émettre le signal qui déclenchera la matérialisation de vos désirs. Lorsque vous projetez dans l'Univers ces sentiments de bonheur, ils vous sont renvoyés sous forme de tableaux et d'expériences de vie. La loi de l'attraction vous renvoie le reflet de vos pensées et de vos sentiments les plus intimes et façonne ainsi votre vie.

Concentrez-vous
sur la prospérité

Dr Joe Vitale

Je sais ce que beaucoup de gens se demandent :
« Comment puis-je attirer davantage d'argent
dans ma vie ? Que faire pour avoir ces beaux
billets à profusion ? Que faire pour devenir
riche et prospère ? J'adore mon travail, mais
comment rembourser ma dette de crédit avec
mon seul salaire ? Que faire pour avoir
davantage d'argent ? » *Ayez-en l'intention !*
Ceci nous ramène à l'un des sujets que nous avons
abordés à maintes reprises depuis le début. Votre
tâche consiste à déclarer ce que vous aimeriez avoir
en faisant votre choix dans le catalogue de
l'Univers. Si l'argent est l'une de ces choses, dites
combien vous aimeriez en avoir. « J'aimerais
recevoir 25 000 dollars, inopinément, d'ici un
mois », ou formulez un autre souhait. Il faut
qu'il soit crédible *à vos yeux.*

Si vous avez toujours pensé que le travail est le seul
moyen d'attirer l'argent dans votre vie, débarrassez-
vous immédiatement de cette idée. Comprenez-vous
qu'en continuant à penser ainsi, c'est ainsi que *devront*
être les choses ? De telles pensées ne vous aident pas.

Vous commencez maintenant à comprendre qu'il existe
un monde d'abondance pour vous, et qu'il ne vous

incombe pas de découvrir «comment» l'argent viendra à vous. Toutefois, il vous appartient de demander, de croire et de recevoir, et aussi de vous sentir heureux dès maintenant. Laissez tous les détails entre les mains de l'Univers.

BOB PROCTOR

La majorité des gens ont comme objectif de se débarrasser de leurs dettes. Si vous pensez comme eux, vous serez endetté à tout jamais. Vous attirez tout ce à quoi vous pensez. Vous direz peut-être : «Mais ils veulent se libérer de leurs dettes.» Peu importe, car si vous pensez dettes, ce sont des dettes que vous attirerez. Adhérez à un programme de remboursement automatique, et commencez à vous concentrer sur la prospérité.

Lorsque les factures s'accumulent et que vous n'avez aucune idée de la façon dont vous arriverez à les payer, cessez d'y penser continuellement, car vous ne ferez qu'attirer davantage de factures. Vous devez trouver un moyen qui vous permet de vous concentrer sur la prospérité, *malgré* toutes ces factures. Vous devez trouver un moyen de vous sentir bien, de façon à attirer le bien-être dans votre vie.

JAMES RAY

Les gens me disent souvent : «J'aimerais doubler mes revenus au cours de la prochaine année.» Mais si l'on se penche ensuite sur les gestes qu'ils posent, on se rend compte qu'ils ne font pas ce qu'il faut pour trouver le bonheur. Ils tournent en rond et

disent : «Je n'ai pas les moyens de m'offrir ce que je veux.» Devinez quoi? «Vos désirs sont des ordres.»

Si les mots «je n'ai pas les moyens» ont franchi vos lèvres, vous avez le pouvoir de les modifier *maintenant*. Reformulez votre énoncé : «J'ai les moyens! Je peux acheter cela!» Répétez-le encore et encore, comme un perroquet. Prenez une résolution pour les 30 prochains jours. Chaque fois que vous verrez quelque chose que vous aimez, dites-vous : *«Je peux l'acheter. J'en ai les moyens.»* Si vous voyez passer la voiture de vos rêves, dites : «J'ai les moyens de me l'offrir.» Si vous voyez des vêtements qui vous plaisent, si vous pensez à des vacances fabuleuses, dites : «J'ai les moyens de me les offrir.» Ce faisant, vous commencerez à vous «recanaliser» et à mieux vous *sentir* par rapport à l'argent Vous commencerez à vous convaincre que vous pouvez vous offrir ces choses et, par conséquent, le tableau de votre vie changera.

LISA NICHOLS

Lorsque vous vous concentrez sur la privation et la rareté et sur ce que vous n'avez pas, vous en parlez avec les membres de votre famille, vous en discutez avec vos amis, vous dites à vos enfants que vous n'avez pas assez d'argent : «Nous n'avons pas les moyens d'acheter cela, nous ne pouvons pas nous le permettre». Et il en sera toujours ainsi, car vous continuerez à attirer ce que vous n'avez pas. Si vous voulez vivre dans l'abondance, si vous voulez connaître la prospérité, concentrez-vous sur l'abondance. Axez vos pensées sur la prospérité.

« La substance spirituelle qui est à l'origine de toute
richesse visible est inaltérable et éternelle. Elle est
toujours avec vous et répond à votre foi en elle et
aux demandes que vous lui adressez. »

Charles Fillmore (1854-1948)

Maintenant que vous connaissez Le Secret, chaque fois
que vous verrez des gens fortunés, vous saurez que
leurs pensées prédominantes sont axées sur l'abondance et non sur la rareté, et qu'ils ont *attiré* la richesse
dans leur vie, consciemment ou inconsciemment. Ils
ont entretenu des pensées axées sur la prospérité et
l'Univers a mis en branle les gens, les circonstances et
les événements nécessaires pour matérialiser cette
prospérité dans leurs vies.

Cette richesse qui est la leur, vous l'avez également. La
seule différence entre eux et vous, c'est qu'ils nour-
rissent des pensées qui attirent l'argent dans leurs vies.
La richesse vous attend dans l'invisible, et pour la matérialiser dans le monde visible, pensez richesse !

DAVID SCHIRMER

*À l'époque où j'ai compris Le Secret, je trouvais
chaque jour une pile de factures dans mon courrier.
Je me suis demandé :* « Comment faire pour
renverser la situation ? » *La loi de l'attraction
stipule que l'on obtient ce sur quoi l'on se concentre.
J'ai donc pris mon relevé bancaire, j'ai mis du
liquide correcteur blanc sur le solde, et j'ai inscrit
un autre chiffre. J'ai inscrit un montant*

correspondant exactement au solde que j'aurais
aimé avoir. Et puis, j'ai pensé : « Et si je
visualisais des chèques arrivant par la
poste ? » *J'ai donc imaginé que je trouvais une pile*
de chèques dans mon courrier. En l'espace d'un
mois seulement, les choses ont commencé à changer.
C'est étonnant, aujourd'hui je ne reçois plus que des
chèques. Je reçois bien sûr quelques factures, mais
ce sont les chèques qui prédominent.

Depuis la sortie du film *Le Secret*, nous avons reçu des
centaines et des centaines de lettres de gens qui ont
trouvé dans leur courrier des chèques qu'ils n'attendaient pas. Et ils ont attiré ces chèques uniquement
parce qu'ils ont prêté attention à l'histoire de David
et qu'ils se sont concentrés sur celle-ci.

J'ai inventé un jeu qui m'a aidée à modifier mes sentiments à propos de ma pile de factures. Je prétends
tout simplement qu'il s'agit de chèques. En décache-
tant les enveloppes, je saute de joie et je dis : « Davantage d'argent pour moi. Merci. Merci. » Je prends
chaque facture, j'imagine qu'il s'agit d'un chèque, et
j'ajoute ensuite un zéro au montant dans mon esprit.
Je prends ensuite un bloc-notes et j'inscris en haut de
la page : « J'ai reçu », et puis je dresse la liste des
sommes que je dois en y ajoutant un zéro. Vis-à-vis de
chaque montant, j'écris « merci », et j'éprouve un sentiment de gratitude pour ce que j'ai reçu, à un point tel
que je dois essuyer quelques larmes. Ensuite, je prends
chaque facture, dont le montant me semble maintenant
dérisoire comparé à ce que j'ai reçu, et je la paie avec
gratitude !

Je n'ouvre plus jamais une enveloppe renfermant une facture avant de sentir qu'il s'agit d'un chèque. Si j'ouvre mes factures avant de m'être convaincue qu'il s'agit de chèques, j'ai des papillons dans l'estomac. Je sais que cette sensation génère une émotion puissante qui ne fait qu'attirer davantage de factures. Je sais que je dois éliminer cette émotion en la remplaçant par des sentiments de joie si je veux attirer plus d'argent dans ma vie. Devant une pile de factures, ce jeu a fonctionné pour moi, et il a changé ma vie. Vous pouvez inventer d'innombrables jeux, et vous saurez lesquels donneront les meilleurs résultats pour vous en sondant votre état d'esprit. Lorsque vous jouez à y croire, les résultats ne se font pas attendre !

LORAL LANGEMEIER
STRATÈGE FINANCIÈRE, CONFÉRENCIÈRE ET ACCOMPAGNATRICE PERSONNELLE ET PROFESSIONNELLE

J'ai grandi en entendant sans cesse : « Il faut travailler dur pour avoir de l'argent. » J'ai donc remplacé cet énoncé par : « L'argent vient aisément et fréquemment. » De prime abord, on a l'impression que c'est faux, n'est-ce pas ? Il y a une partie de notre cerveau qui dit : « Menteur, l'argent ne vient pas facilement. » Vous devez donc savoir que ce petit match de tennis mental se déroulera pendant un certain temps.

Si vous avez déjà pensé : «*Je dois travailler très dur et lutter pour avoir de l'argent*», lâchez prise immédiatement. En nourrissant de telles pensées, vous émettez une

fréquence y correspondant, et elles deviendront le tableau de votre vie. Suivez le conseil de Loral Langemeier
et remplacez ces pensées par : « L'argent vient aisément
et fréquemment. »

DAVID SCHIRMER

*Au départ, la richesse est un état d'esprit. Tout
repose sur votre façon de penser.*

LORAL LANGEMEIER

*Je dirais que 80 % du travail d'accompagnement
que je fais avec les gens a trait à la psychologie et à
leur façon de penser. Je les comprends lorsqu'ils me
disent : «Oh, vous pouvez le faire, mais moi j'en
suis incapable.» Les gens ont la capacité de
changer la relation qu'ils ont avec eux-mêmes,
ainsi que leurs rapports avec l'argent.*

« Heureusement, dès que vous décidez que ce que
vous savez est plus important que ce que l'on vous a
enseigné à croire, vous changez de vitesse dans
votre quête de l'abondance. Il n'existe pas de
défaite, si ce n'est de l'intérieur. »

Ralph Waldo Emerson (1803-1882)

Vous devez vous *sentir bien* vis-à-vis de l'argent si vous
voulez en attirer davantage dans votre vie. Évidemment, lorsque les gens n'ont pas assez d'argent, ils ne
se sentent pas bien, justement parce qu'ils en manquent. Mais les sentiments négatifs à propos de l'argent
empêchent justement l'argent de venir à vous ! Vous

devez interrompre le cycle en commençant à vous sentir bien vis-à-vis de l'argent, et à éprouver de la gratitude pour ce que vous avez. Commencez à dire et à *sentir* : « J'en ai plus qu'il ne m'en faut. » « L'argent existe en abondance et il se dirige vers moi. » « Je suis un aimant qui attire l'argent. » « J'adore l'argent et l'argent m'adore. » « Je reçois de l'argent chaque jour. » « Merci, merci, merci. »

Donnez et vous recevrez

Donner est un moyen puissant pour attirer davantage d'argent dans votre vie, car lorsque vous donnez, vous dites : « Je vis dans l'aisance. » Vous ne serez pas surpris d'apprendre que les gens les plus riches de la planète sont aussi les plus grands philanthropes. Ils donnent de grosses sommes d'argent, et de ce fait, selon la loi de l'attraction, l'Univers s'ouvre et les inonde en échange de grosses sommes d'argent multipliées !

Si vous pensez : *« Je n'ai pas assez d'argent pour en donner »*, bingo ! Vous savez maintenant pourquoi vous n'en avez pas assez ! Lorsque vous pensez que vous n'avez pas assez d'argent pour en donner, commencez à faire des dons. Comme vous démontrerez votre foi en donnant, la loi de l'attraction devra vous en renvoyer davantage.

Il y a une grande différence entre le don et le sacrifice. Donner avec un cœur débordant procure un immense bien-être. Se sacrifier n'est pas agréable. Ne confondez pas les deux gestes, ils sont diamétralement opposés. L'un émet un signal de privation alors que l'autre irradie la surabondance. L'un est agréable et l'autre est désagréable. Le sacrifice conduit éventuellement au ressentiment. Le don qui vient du cœur est l'un des gestes les plus réjouissants que vous pouvez effectuer, et la loi de l'attraction captera ce signal et vous le rendra au centuple. Vous pourrez *sentir* la différence.

JAMES RAY

Je trouve que parmi les gens qui gagnent énormément d'argent, il y en a beaucoup qui vivent des relations malsaines. Et ce n'est pas cela, la richesse. Vous pouvez courir après l'argent, et vous pouvez vous enrichir, mais cela ne garantit pas que vous soyez riche. Je ne dis pas que l'argent n'a rien à voir avec la richesse ; c'en est un élément indissociable. Mais un élément seulement.

Et je connais aussi un grand nombre de gens qui sont « spirituels », mais qui sont tout le temps malades et fauchés. Ce n'est pas non plus ce que l'on peut appeler la richesse. La vie est faite pour l'abondance dans tous les domaines.

Si l'on vous a enseigné à croire qu'être riche n'est pas spirituel, alors je vous recommande fortement de lire la série intitulée *The Millionaires of the Bible* de Catherine Ponder. Dans ces ouvrages splendides, vous découvrirez qu'Abraham, Isaac, Jacob, Joseph,

Moïse et Jésus n'étaient pas seulement des professeurs de prospérité, mais qu'ils étaient eux-mêmes million-naires, et qu'ils vivaient dans une opulence que peu de millionnaires actuels ne pourraient concevoir.

Vous êtes l'héritier du royaume. La prospérité est pour vous un droit inné, et vous détenez la clé de plus d'abondance que vous ne pouvez l'imaginer, et ce, dans tous les domaines de votre vie. Vous méritez toutes les bonnes choses que vous désirez, et l'Univers vous les donnera à condition que vous les appeliez dans votre vie. Maintenant, vous connaissez Le Secret. Vous avez la clé. Cette clé se trouve dans vos pensées et dans vos sentiments, et vous possédez cette clé depuis votre naissance.

 ### MARCI SHIMOFF

En Occident, il y a beaucoup de gens qui ont soif de succès. Ils veulent une maison magnifique, ils veulent que leurs entreprises soient florissantes, ils veulent posséder de nombreux biens matériels. Mais ce que nous avons découvert au cours de nos recherches, c'est que la possession de ces biens matériels n'apporte pas nécessairement ce que nous voulons vraiment, c'est-à-dire le bonheur. Nous acquérons ces biens matériels en pensant qu'ils nous apporteront le bonheur, mais c'est l'inverse qui se produit. C'est la joie intérieure que nous devons chercher en premier lieu, la paix intérieure, la vision intérieure, et puis se matérialiseront tous les biens matériels que nous convoitons.

Tout ce que vous voulez dépend d'un travail intérieur !
Le monde extérieur est le monde des manifestations ; il
n'est que le résultat de vos pensées. Syntonisez vos
pensées sur la fréquence du bonheur. Faites en sorte
que votre esprit irradie des sentiments de joie et de
bonheur, projetez-les dans l'Univers avec toute la
force de votre être, et vous connaîtrez le vrai paradis
sur terre.

Le Secret en bref

❧ Pour attirer l'argent, concentrez-vous sur la richesse. Il est impossible d'attirer davantage d'argent dans votre vie si vous vous concentrez sur la pauvreté.

❧ Il est utile de faire appel à votre imagination et de prétendre que vous avez déjà l'argent que vous voulez. Jouez à être riche et vous vous sentirez mieux vis-à-vis de l'argent. Si vous adoptez cette attitude, davantage d'argent affluera dans votre vie.

❧ Vous sentir heureux maintenant est le moyen le plus rapide d'attirer l'argent dans votre vie.

❧ Prenez la résolution de vous dire, chaque fois que vous voyez quelque chose que vous aimez : « Je peux me le procurer. J'ai les moyens de l'acheter. » Vous ferez ainsi basculer votre façon de penser et vous vous sentirez mieux vis-à-vis de l'argent.

❧ Donnez de l'argent de façon à en attirer davantage dans votre vie. Lorsque vous faites preuve de générosité et vous vous sentez bien en partageant votre argent avec autrui, vous dites : « Je vis dans l'aisance. »

❧ Visualisez l'arrivée de chèques dans votre courrier.

❧ Faites pencher la balance de vos pensées du côté de la prospérité. Pensez prospérité.

Le Secret et les relations interpersonnelles

MARIE DIAMOND
CONSULTANTE EN FENG SHUI, PROFESSEURE ET CONFÉRENCIÈRE

Le Secret *stipule que nous sommes les créateurs de notre Univers et que tous les souhaits que nous formulons se matérialisent dans notre vie. Par conséquent, nos souhaits, nos pensées et nos sentiments sont très importants parce qu'ils se concrétiseront.*

Un jour, je suis allée chez un client, un producteur de films très célèbre. Il y avait partout de magnifiques tableaux représentant une femme nue drapée d'une étoffe, tournant légèrement le dos

comme si elle disait : « Je ne vous vois pas. » J'ai
dit à mon hôte : « Je crois que vous devez avoir
certaines difficultés en amour. » Et il a dit :
« Êtes-vous clairvoyante ? » « Non, mais regardez.
En sept endroits, vous avez accroché des tableaux
représentant la même femme. » Il a dit : « Mais
j'aime ce genre de tableaux. Je les ai peints moi-
même. » J'ai dit : « C'est encore plus grave, car
vous y avez mis toute votre créativité. »

C'était un très bel homme et il était toujours
entouré d'actrices à cause de son travail, mais il n'y
avait pas de femme dans sa vie. Je lui ai demandé :
« Qu'est-ce que vous voulez ? » « Je veux sortir avec
trois femmes chaque semaine. » J'ai dit :
« D'accord. Peignez-le. Représentez-vous avec
trois femmes et accrochez vos tableaux un peu
partout dans la maison. »

Je l'ai revu six mois plus tard et je lui ai demandé :
« Comment va votre vie sentimentale ? »
« Fantastique ! Les femmes m'appellent, elles
veulent sortir avec moi. » « Parce que tel est votre
désir », ai-je dit. Il a ajouté : « Je me sens
merveilleusement bien. Je veux dire que, pendant
des années, je n'ai eu aucun rendez-vous galant et
que j'en ai maintenant trois par semaine. Les
femmes se battent pour sortir avec moi. » « Tant
mieux pour vous », ai-je dit. Et puis il a ajouté :
« Je veux me ranger maintenant. Je veux me
marier, je veux vivre une vraie romance. » J'ai dit :
« Eh bien, peignez-le. » Il a réalisé un tableau

représentant une belle relation romantique. Un an plus tard, il se mariait et il est aujourd'hui très heureux.

Et c'est parce qu'il a formulé un autre souhait, un souhait qui l'habitait depuis des années sans jamais se réaliser parce qu'il l'en empêchait. Ce dont il s'entourait, le décor dans lequel il vivait était constamment en contradiction avec son désir. Donc, si vous saisissez ce concept, vous venez tout juste de commencer à jouer avec lui.

L'histoire du client de Marie Diamond démontre parfaitement comment le Feng Shui reflète les enseignements du Secret. Elle illustre la puissance du pouvoir créateur de nos pensées lorsque nous les mettons en action. Tout geste que nous posons est précédé d'une pensée. Les pensées créent les mots que nous prononçons, les sentiments que nous éprouvons, les gestes que nous posons. Ces gestes sont particulièrement puissants parce qu'ils sont des pensées qui nous ont *poussé* à agir.

Nous ne réalisons peut-être pas quelles sont nos pensées les plus intimes, mais nous pouvons voir ce à quoi nous avons pensé en contemplant les gestes que nous avons accomplis. Dans le cas du producteur de films, ses pensées les plus intimes étaient reflétées dans ses actions et son environnement. Il a peint de nombreux tableaux représentant une femme qui se détournait toujours de lui.

Pouvez-vous déterminer quelles étaient ses pensées les plus intimes ? Même s'il disait vouloir sortir avec davantage de femmes, ses pensées ne reflétaient pas ce désir dans ses tableaux. En choisissant délibérément d'agir différemment, il a été amené à concentrer toutes ses pensées sur ce qu'il voulait. Grâce à ce simple revirement, il a été en mesure de peindre sa vie et de concrétiser son rêve grâce à la loi de l'attraction.

Lorsque vous voulez attirer quelque chose dans votre vie, assurez-vous que vos gestes ne contredisent pas vos désirs. L'un des plus merveilleux exemples de cette vérité nous est donné par Mike Dooley, l'un des professeurs figurant dans *Le Secret*. On le trouve dans son programme audio intitulé *Leveraging the Universe and Engaging the Magic*. C'est l'histoire d'une femme qui voulait attirer le conjoint idéal dans sa vie. Elle avait fait tout ce qu'il fallait : elle avait clairement précisé l'apparence qu'il devrait avoir, elle avait dressé une liste détaillée de toutes ses qualités, et elle l'avait visualisé en train de partager sa vie. Malgré tout, il ne s'était pas manifesté.

Et puis un jour, alors qu'elle arrivait chez elle et garait sa voiture au milieu du garage, elle a soudain compris que ses gestes contredisaient ses désirs. Si sa voiture se trouvait au milieu du garage, il n'y avait plus d'espace pour celle du partenaire de ses rêves ! Ses gestes criaient à l'Univers qu'elle ne croyait pas recevoir un jour ce qu'elle avait demandé. Elle a donc aussitôt nettoyé le garage et a rangé sa voiture d'un côté, laissant ainsi de l'espace pour la voiture de son futur conjoint. Elle s'est ensuite rendue dans sa chambre à coucher, a ouvert son placard, qui était rempli de vêtements, ne laissant aucune place pour ceux du partenaire idéal. Elle a donc retiré certains de ses vêtements afin de lui faire de la place. Elle avait également l'habitude de dormir au milieu de son lit, et elle a donc commencé à dormir de « son » côté, laissant le sien à son compagnon.

Cette femme a raconté son histoire à Mike Dooley pendant un dîner, et l'homme de ses rêves se trouvait justement assis à la même table. Après avoir accompli tous ces gestes puissants et agi comme si son souhait avait été exaucé, le partenaire idéal est arrivé dans sa vie et ils vivent maintenant un mariage heureux.

Un autre exemple tout simple est l'histoire de ma sœur Glenda, qui est la directrice de production du film *Le Secret*. Elle vivait et travaillait en Australie, et elle souhaitait déménager aux États-Unis afin de travailler avec moi dans notre bureau américain. Glenda connaissait très bien Le Secret, et elle faisait tout ce qu'il fallait pour que son rêve se concrétise, mais les mois passaient et elle se trouvait toujours en Australie.

Glenda s'est penchée sur ses gestes et elle s'est rendu compte qu'elle n'agissait pas « comme si » elle recevait ce qu'elle avait demandé. Elle est donc sérieusement passée à l'action. Elle a organisé sa vie comme si son départ pour l'étranger était imminent. Elle a annulé ses abonnements, elle a donné les objets dont elle n'aurait plus besoin, et elle a fait ses valises. Quatre semaines plus tard, Glenda était aux États-Unis et travaillait dans notre bureau.

Réfléchissez bien à ce que vous avez demandé et faites en sorte que vos gestes reflètent ce que vous vous attendez à recevoir et qu'ils ne sont pas contradictoires avec vos désirs. Agissez comme si vous étiez en train de recevoir ce que vous avez demandé. Faites exactement ce que vous feriez si votre souhait était exaucé aujourd'hui même, et effectuez des gestes qui reflètent cette attente. Faites place dans votre esprit à la concrétisation de vos désirs et, ainsi, vous enverrez dans l'univers un signal puissant correspondant à vos attentes.

Tout commence par vous

LISA NICHOLS

Il n'y a pas de relation à sens unique. Vous devez d'abord et avant tout vous comprendre vous-même.

JAMES RAY

Comment espérer que quelqu'un apprécie votre compagnie si vous êtes mal dans votre peau ?
Et encore une fois, c'est ce que la loi de l'attraction ou Le Secret apporteront dans votre vie.
Vous devez être extrêmement précis. Voici la question à laquelle je vous propose de répondre :
« Vous traitez-vous de la façon dont vous aimeriez que les autres vous traitent ? »

Si vous ne vous traitez pas vous-même de la façon dont vous aimeriez que les autres vous traitent, vous ne pourrez jamais changer l'état des choses. Vos gestes sont un puissant reflet de vos pensées, et si vous ne vous traitez pas vous-même avec amour et respect, vous émettez un signal qui dit que vous n'êtes pas assez important, que vous ne valez pas grand-chose ou que vous ne méritez pas l'amour et le respect des autres.

Ce signal continuera à être diffusé, et vous vous retrouverez sans cesse dans des situations où les gens ne vous traiteront pas comme vous le souhaitez. Les gens ne représentent que l'effet. Vos pensées sont la cause. Vous devez commencer à vous traiter avec amour et respect, et vous émettrez un signal correspondant à cette fréquence. Ensuite, la loi de l'attraction mettra en branle l'Univers tout entier, et votre vie sera remplie de gens qui vous aiment et qui vous respectent.

De nombreuses personnes se sont sacrifiées pour autrui en pensant ainsi être bonnes. Faux ! Se sacrifier ne peut résulter que de pensées axées sur la pauvreté absolue, parce que c'est dire : « Il n'y en a pas assez pour tout le monde, donc je m'en passerai. » Ces sentiments sont désagréables et mènent éventuellement au ressentiment. Il y a de tout en abondance pour tout le monde et il incombe à chacun d'entre nous de formuler nos propres désirs. Vous ne pouvez pas le faire pour les autres, car vous ne pouvez pas penser pour eux et ressentir leurs émotions. C'est à Vous d'agir. Lorsque vous faites une priorité de votre bien-être, cette merveilleuse fréquence irradiera et touchera tous ceux qui vous entourent.

Dʀ John Gray

Vous devenez la solution qu'il vous faut. Ne pointez pas quelqu'un du doigt en disant : « Vous m'êtes redevable et devez m'en donner davantage. » Donnez-vous-en plutôt davantage à vous-même. Prenez le temps de vous gâter, de vous donner de tout à profusion, au point où la surabondance vous amènera à donner à autrui.

« Pour être aimé… remplissez-vous d'amour jusqu'à ce que vous deveniez un aimant. »

Charles Haanel

Un grand nombre d'entre nous a appris à s'oublier et finit, par conséquent, par avoir le sentiment que nous ne méritons rien. Alors que ces sentiments s'ancrent en nous, nous continuons à attirer dans notre vie davantage de situations qui viendront les corroborer. Nous devons changer notre façon de penser.

« Il ne fait aucun doute que certaines personnes trouveront froide, égoïste et impitoyable l'idée de se donner tant d'amour. Mais on peut l'envisager sous un autre angle si l'on estime que "chercher le numéro un", comme nous le commande l'Infini, n'est en fait que chercher le numéro deux, et la seule façon de favoriser en permanence le numéro deux. »

Prentice Mulford

À moins de vous combler d'abord, vous n'aurez rien à offrir aux autres. Par conséquent, il est impératif que vous vous occupiez d'abord de Vous. Faites-vous plaisir en premier lieu. Les gens sont responsables de leur propre bonheur. Lorsque vous vous faites plaisir et veillez à votre bien-être, il devient très agréable de vous côtoyer et vous devenez un brillant exemple pour tous les enfants et les gens qui font partie de votre vie. Lorsque vous êtes habité par un sentiment de joie, vous n'avez même pas à penser à en donner. Cette joie irradie tout naturellement de vous.

LISA NICHOLS

Je me suis engagée dans de nombreuses relations en espérant que mon partenaire me révélerait ma beauté, car j'étais incapable de la voir moi-même. Pendant mon enfance, mes héros, ou plutôt mes héroïnes, étaient la femme bionique, Wonder Woman et les Anges de Charlie. Elles étaient merveilleuses, mais elles ne me ressemblaient pas. Ce n'est que lorsque je suis tombée amoureuse de Lisa – de ma peau couleur café, de mes lèvres pulpeuses, de mes hanches rondes, de mes cheveux noirs bouclés – que le reste du monde a pu devenir amoureux de moi.

Vous devez Vous aimer parce qu'il est impossible de se sentir bien si l'on ne s'aime pas. Lorsque vous êtes mal dans votre peau, vous bloquez tout l'amour et tout le bien que l'Univers vous réserve.

Lorsque vous êtes mal dans votre peau, c'est comme si vous siphonniez toute la vie qui est en vous, car tout ce qu'il y a de bon en vous à tous les égards – incluant la santé, la richesse et l'amour – se trouve sur la fréquence de la joie et du bien-être. Le sentiment d'être habité par une énergie inépuisable et de jouir d'une excellente santé se trouve sur la fréquence du bien-être. Lorsque vous vous sentez mal dans Votre peau, vous syntonisez une fréquence qui attirera davantage de gens, de situations et de circonstances qui continueront à nuire à votre bien-être.

Vous devez réorienter vos pensées et vous concentrer sur tout ce qui est merveilleux à propos de Vous. Cherchez ce qu'il y a de positif en Vous. Et la loi de l'attraction vous révélera encore davantage de choses merveilleuses à propos de Vous. Vous attirez ce à quoi vous pensez. Tout ce que vous avez à faire, c'est de commencer à nourrir une pensée soutenue à propos d'une chose que vous appréciez chez Vous, et la loi de l'attraction y répondra en faisant naître chez Vous davantage de pensées similaires. Cherchez ce qu'il y a de bien en Vous. Cherchez et vous trouverez !

BOB PROCTOR

Il y a quelque chose de tellement merveilleux chez vous. Cela fait 45 ans que je m'étudie. J'ai parfois envie de m'embrasser ! Parce qu'il faut arriver à s'aimer soi-même. Je ne parle pas ici de vanité ou de suffisance. Je parle d'un respect sain. Et si vous vous aimez, vous aimerez automatiquement les autres.

Marci Shimoff

Dans nos relations, nous avons tellement l'habitude de nous plaindre des autres. Par exemple : «Mes collègues sont trop paresseux, mon mari me rend furieuse, mes enfants sont si difficiles.» Nos doléances sont toujours dirigées vers l'autre. Mais pour qu'une relation soit véritablement harmonieuse, nous devons nous attarder avant tout sur ce que nous aimons chez les autres et non sur ce que nous leur reprochons. Lorsque nous nous plaignons de leurs travers, nous ne faisons que les amplifier.

Même si vous vivez une relation très houleuse — rien ne va, vous ne vous entendez pas bien, quelqu'un vous en veut — vous pouvez renverser la situation. Prenez un bout de papier et, pendant les 30 jours à venir, notez tout ce que vous aimez chez cette personne. Pensez à toutes les raisons pour lesquelles vous l'aimez. Vous êtes sensible à son sens de l'humour, vous êtes reconnaissant pour le soutien qu'elle vous apporte. Et vous découvrirez que lorsque vous vous efforcez de reconnaître et de tenir compte de ses points forts, c'est ce dont vous bénéficierez le plus chez elle, et le problème disparaîtra.

Lisa Nichols

Souvent, on donne aux autres une occasion de faire notre bonheur et, souvent, ils ne répondent pas à nos attentes. Pourquoi? Parce qu'une seule personne est responsable de votre bonheur et c'est vous. Donc, ni vos parents, ni vos enfants, ni votre conjoint n'ont la capacité de vous rendre heureux. Seule l'occasion de partager votre bonheur leur est offerte. Et c'est en vous que votre bonheur trouve sa source.

La joie se trouve sur la fréquence de l'amour – la fréquence la plus puissante et la plus élevée qui soit. Vous ne pouvez pas tenir l'amour dans votre main. Vous pouvez uniquement le *sentir* dans votre cœur. C'est un état d'âme. On peut être témoin de manifestations d'amour, mais il demeure un sentiment, et seul l'être humain peut éprouver et donner de l'amour. Votre capacité à générer des sentiments d'amour est illimitée, et lorsque vous aimez, vous êtes en parfaite harmonie avec l'Univers.

Aimez toutes choses. Aimez tout le monde. Concentrez-vous sur ce que vous aimez, ressentez de l'amour et cet amour et ce bonheur vous seront retournés au centuple ! La loi de l'attraction se doit de vous renvoyer encore davantage de choses que vous aimez. Irradiez l'amour et vous constaterez que l'Univers tout entier se consacrera à faire votre bonheur et à vous entourer des bonnes personnes. C'est la pure vérité.

Le Secret en bref

🌿 Lorsque vous voulez vivre une relation amoureuse, assurez-vous que vos pensées, vos paroles, vos gestes et votre environnement ne sont pas en contradiction avec vos désirs.

🌿 Tout commence par vous. Si vous ne vous comblez pas d'abord, vous n'aurez rien à offrir aux autres.

🌿 Traitez-vous avec amour et respect, et vous attirerez des gens qui vous offriront amour et respect.

🌿 Lorsque vous êtes mal dans votre peau, vous faites obstacle à l'amour et vous ne faites qu'attirer davantage de gens et de situations qui nuiront à votre bien-être.

🌿 Concentrez-vous sur les qualités que vous êtes heureux de posséder et la loi de l'attraction vous en révélera davantage.

🌿 Pour vivre une relation harmonieuse, concentrez-vous sur ce à quoi vous êtes sensible chez l'autre, et non sur ce que vous lui reprochez. En mettant l'accent sur ses qualités, vous en attirerez davantage.

Le Secret
et la santé

DR JOHN HAGELIN

PHYSICIEN QUANTIQUE ET EXPERT
EN POLITIQUE PUBLIQUE

*Notre corps est vraiment le produit de nos pensées.
La science médicale commence à comprendre à quel
point la nature de nos pensées et de nos émotions
influe sur la substance physique, ainsi que sur
la structure et le fonctionnement de notre corps.*

DR JOHN DEMARTINI

*Nous connaissons l'effet placebo. Un placebo est
une substance qui n'a en principe aucun effet sur
l'organisme, comme une pilule de sucre.*

*Nous disons au patient qu'il s'agit d'un produit
efficace, et il arrive souvent que le placebo donne le
même résultat que le médicament qui a été conçu*

*pour traiter ce problème de santé en particulier, ou
se révèle même plus efficace. On a découvert que
c'est l'esprit humain qui joue le rôle le plus
déterminant dans la guérison, et qu'il est souvent
beaucoup plus efficace que la médication.*

En saisissant mieux l'importance du Secret, vous commencerez à voir plus nettement la vérité sous-jacente
de certaines de ses manifestations dans les sphères de
l'activité humaine, incluant le domaine de la santé.
L'effet placebo est un phénomène puissant. Lorsque
des patients *pensent* et *croient* vraiment que le comprimé qu'ils avalent est un médicament, ils reçoivent
ce qu'ils *croient* et ils guérissent.

Dʀ John Demartini

*Si quelqu'un est malade et qu'il a le choix entre
explorer son esprit afin de découvrir la cause
de son état, et avoir recours à la médecine, il sera
évidemment sage de jumeler les deux options s'il est
en danger de mort. Il ne faut pas refuser l'aide de
la médecine. Tous les arts de guérir ont leur place.*

Guérir par l'esprit peut se faire de façon harmonieuse
en conjonction avec la médecine traditionnelle. Si la
douleur entre en ligne de compte, alors la médecine
peut contribuer à éliminer cette douleur, ce qui permet ensuite à l'individu de mieux se concentrer sur sa
santé. « Penser santé parfaite » est quelque chose que
tout le monde peut faire en son for intérieur, peu importe les événements extérieurs.

LISA NICHOLS

L'Univers est un chef-d'œuvre d'abondance.
Lorsque vous ouvrez votre esprit à l'abondance
de l'Univers, vous faites l'expérience du
merveilleux, de la joie, du bonheur et de toutes ces
choses extraordinaires que l'Univers vous réserve —
une bonne santé, une grande prospérité, une bonne
nature. Mais si vous fermez votre esprit et
nourrissez des pensées négatives, vous connaîtrez
la souffrance, et vous trouverez que chaque jour
est une corvée.

Dʀ BEN JOHNSON

MÉDECIN, AUTEUR ET LEADER DANS LE DOMAINE
DE LA GUÉRISON PAR L'ÉNERGIE

Il existe des milliers de diagnostics et de maladies.
Ils ne constituent que le maillon faible de la chaîne.
Ils n'ont qu'une seule cause : le stress. Si l'on
exerce suffisamment de pression sur la chaîne,
et si l'on exerce suffisamment de pression sur
l'organisme humain, alors l'un des maillons
se rompt.

Le stress résulte toujours d'une pensée négative. Il suffit d'une pensée laissée sans surveillance pour que naissent d'autres pensées similaires, jusqu'à ce que le stress se manifeste. L'effet est le stress, mais la cause est la pensée négative, et tout a commencé par cette seule petite pensée. Peu importe ce que vous avez provoqué, vous pouvez le changer… avec une seule petite pensée positive, et puis une autre.

DR JOHN DEMARTINI

Notre physiologie génère la maladie pour nous donner de la rétroaction, pour nous dire que notre perspective n'est pas équilibrée, ou que nous n'avons pas été aimants et reconnaissants. Donc, les signes et les symptômes que nous envoie notre corps n'ont rien de terrible.

Le docteur Demartini nous dit que l'amour et la gratitude peuvent éliminer toute la négativité dans notre vie, peu importe la forme qu'elle a prise. L'amour et la gratitude peuvent ouvrir des passages dans l'océan, déplacer des montagnes et créer des miracles. L'amour et la gratitude peuvent éradiquer toute maladie.

MICHAEL BERNARD BECKWITH

On me pose souvent cette question : « Lorsqu'un individu a développé une maladie dans le temple de son corps, ou toute autre forme d'inconfort dans sa vie, la situation peut-elle être renversée grâce au pouvoir de la pensée "positive"? » Et la réponse est oui, absolument.

Le rire est le meilleur médicament

CATHY GOODMAN, UN TÉMOIGNAGE

On m'a diagnostiqué un cancer du sein. J'ai cru du fond de mon cœur, avec toute la force de ma foi, que j'étais déjà guérie. Chaque jour, je disais : « Merci

pour ma guérison. » Je croyais dur comme fer que j'étais guérie. Je me voyais comme si le cancer n'avait jamais séjourné dans mon corps.

L'une des choses que j'ai faites pour me guérir a été de regarder des films très drôles. Nous ne faisions que rire, rire et rire. Nous ne permettions pas au moindre stress d'entrer dans ma vie, car nous savions que le stress est l'un des pires ennemis de tous ceux qui tentent de se guérir.

Il s'est passé environ trois mois entre le jour où j'ai reçu mon diagnostic et celui où j'ai été guérie. Et cela, sans radiothérapie ni chimiothérapie.

Ce touchant témoignage de Cathy Goodman illustre trois magnifiques pouvoirs en pleine action : le pouvoir de la gratitude devant la guérison, le pouvoir de la foi en la concrétisation de nos désirs, et le pouvoir du rire et de la joie pour débarrasser notre corps de la maladie.

Cathy a eu l'heureuse idée d'inclure le rire dans son processus de guérison après avoir entendu le témoignage de Norman Cousins.

Norman avait reçu un diagnostic de maladie « incurable ». Les médecins lui avaient dit qu'il ne lui restait que quelques mois à vivre. Norman a alors décidé de se guérir lui-même. Pendant trois mois, il a écouté comédie sur comédie, et il a ri, ri et ri. La maladie a quitté son corps pendant ces trois mois, et les médecins ont crié au miracle.

En riant, Norman s'est libéré de toute la négativité qui l'habitait, et il s'est libéré de sa maladie. Le rire est vraiment le meilleur des médicaments.

D^R BEN JOHNSON

Nous naissons tous avec un programme de base intégré. On l'appelle «autoguérison». Vous vous blessez, et la plaie se referme. Vous contractez une maladie bactérienne, et votre système immunitaire s'active et élimine les bactéries. Le système immunitaire est conçu de manière à se guérir lui-même.

BOB PROCTOR

La maladie ne peut survivre dans un corps émotionnellement sain. Votre corps se débarrasse de millions de cellules chaque seconde, et il en crée simultanément des millions d'autres.

DR JOHN HAGELIN

En fait, des parties de notre corps sont littéralement remplacées chaque jour. D'autres parties ont besoin de plusieurs mois ou de plusieurs années pour se régénérer. Mais en l'espace de quelques années, nous finissons tous par avoir un tout nouveau corps physique.

Si notre corps tout entier se renouvelle en l'espace de quelques années, comme la science l'a prouvé, alors comment se fait-il que la dégénérescence ou la maladie puisse y séjourner pendant de nombreuses années ? Seule notre pensée peut l'y entretenir, en observant la maladie, et en y accordant de l'attention.

Nourrissez des pensées axées sur la perfection

Pensez « perfection ». La maladie ne peut exister dans un corps qui entretient des pensées harmonieuses. Sachez qu'il n'existe que la perfection, et en l'observant sans cesse autour de vous, vous l'attirerez inévitablement à vous. Les pensées axées sur l'imperfection sont la cause de tous les maux de l'humanité, incluant la maladie, la pauvreté et la tristesse. Lorsque nous entretenons des pensées négatives, nous nous privons de notre héritage légitime. Déclarez avec fermeté : « Mes pensées sont axées sur la perfection. Je ne vois que la perfection. Je suis la perfection. »

J'ai banni de mon corps toute raideur et manque de souplesse. J'ai imaginé que mon corps était aussi souple et parfait que celui d'un enfant, et mes douleurs articulaires ont disparu. J'y suis littéralement arrivée du jour au lendemain.

Vous pouvez constater que les croyances à propos du vieillissement ne sont qu'une création de l'esprit. La science a prouvé que notre corps se régénère entièrement en très peu de temps. La notion de vieillissement tient de l'étroitesse d'esprit. Évacuez donc ces pensées de votre conscience et convainquez-vous que votre corps n'est âgé que de quelques mois, peu

importe le nombre d'anniversaires que vous avez
inscrits dans votre esprit. À votre prochain anni-
versaire de naissance, faites-vous une faveur et fêtez-
le comme si c'était le premier ! Ne couvrez pas votre
gâteau de 60 bougies, à moins que vous ne souhaitiez
attirer la vieillesse à vous. Malheureusement, la société occidentale est obnubilée par l'âge, alors qu'en
réalité ce concept n'existe pas.

En *pensant*, vous pouvez créer pour vous la santé
parfaite, le corps parfait, le poids idéal, et l'éternelle
jeunesse. Vous pouvez en faire une réalité en nourrissant constamment des pensées axées sur la perfection.

BOB PROCTOR

*Si vous êtes atteint d'une maladie et que vous vous
concentrez sur celle-ci, que vous en parlez aux
autres, vous ne ferez que créer davantage de cellules
malades. Imaginez que vous vivez dans un corps
parfaitement sain. Laissez au médecin le soin de
s'occuper de la maladie.*

Lorsqu'ils sont malades, les gens ont tendance à parler
sans arrêt de leur état. Ils y pensent constamment et ils
ne font que verbaliser leurs pensées. Si vous ne vous
sentez pas très bien, n'en parlez pas, à moins que vous
ne souhaitiez que votre état s'aggrave. Sachez que vos
pensées en sont responsables et répétez cet énoncé le
plus souvent possible : « Je me sens merveilleusement
bien. Je me sens tellement bien. » Imprégnez-vous vraiment de cette sensation. Si vous n'êtes pas en pleine

forme et que quelqu'un vous demande comment vous allez, soyez tout simplement reconnaissant envers cette personne qui vous a rappelé d'axer vos pensées sur le bien-être. Parlez uniquement le langage de vos désirs.

Vous ne pouvez pas « attraper » quelque chose à moins de penser que vous le pouvez, et le seul fait d'y penser est carrément une invitation. Vous invitez également la maladie si vous prêtez l'oreille à un individu qui parle de ses problèmes de santé. En l'écoutant, vous imprégnez votre esprit de pensées axées sur la maladie, et lorsque vous accordez toute votre attention à quelque chose, vous demandez cette chose. Et vous n'aidez certainement pas cette personne. Vous donnez de l'énergie à sa maladie. Si vous voulez vraiment l'aider, détournez si possible la conversation vers des sujets positifs, ou prenez congé de votre interlocuteur. En vous éloignant, emplissez votre esprit de pensées et de sentiments axés sur le bien-être de cette personne, et projetez-les dans l'Univers.

LISA NICHOLS

Supposons que deux personnes sont atteintes d'une maladie, mais que l'une d'entre elles choisit de se concentrer sur la joie. L'une choisit de vivre dans un monde de possibilités et d'espoir, ne se concentrant que sur les raisons pour lesquelles elle devrait être heureuse et reconnaissante. Et puis, il y a l'autre personne. Même diagnostic, mais cette dernière choisit de se concentrer sur sa maladie et de se lamenter sur son sort : « Pauvre de moi ! »

BOB DOYLE

Lorsque les gens ne pensent qu'à la maladie et à leurs symptômes, ils ne font que les entretenir. Ils ne connaîtront pas la guérison tant qu'ils n'auront pas fait bifurquer leurs pensées vers le bien-être. Car telle est la loi de l'attraction.

« Tentons de ne pas oublier que toute pensée désagréable est une mauvaise graine que l'on sème littéralement dans notre corps. »

Prentice Mulford

DR JOHN HAGELIN

Des pensées plus joyeuses se traduisent naturellement par une biochimie plus joyeuse. Par un corps plus radieux, plus sain. Il a été démontré que les pensées négatives et le stress détériorent sérieusement le corps et nuisent au bon fonctionnement du cerveau, car ce sont nos pensées et nos émotions qui régénèrent, réorganisent et recréent continuellement notre organisme.

Peu importe ce que vous avez attiré en ce qui a trait à votre corps, vous pouvez le changer, à l'intérieur comme à l'extérieur. Commencez à nourrir des pensées axées sur le bonheur et commencez à être heureux. Le bonheur est un état d'âme. Vous avez le doigt sur la touche « bonheur ». Appuyez fermement sur cette touche dès maintenant et laissez-y votre doigt, peu importe ce qui se passe autour de vous.

Dᴿ Ben Johnson

Retirez le stress physiologique de votre corps et ce dernier fera ce pour quoi il a été conçu. Il se guérira de lui-même.

Vous n'avez pas à lutter pour vous débarrasser d'une maladie. Le simple fait de vous défaire de toute pensée négative permettra à votre état de santé naturel d'émerger de l'intérieur. Et votre corps se guérira de lui-même.

Michael Bernard Beckwith

J'ai vu des reins se régénérer. J'ai vu des cancers disparaître. J'ai vu des troubles de la vue s'améliorer et disparaître progressivement.

J'ai porté des lunettes de lecture pendant environ trois ans avant de découvrir Le Secret. Un soir que je faisais des recherches sur les manifestations du Secret à travers les siècles, je me suis surprise à tendre la main vers mes lunettes afin de mieux voir les textes que je parcourais. J'ai interrompu mon mouvement. En réalisant ce que j'étais sur le point de faire, j'ai eu le sentiment d'être frappée par la foudre.

J'avais prêté l'oreille au message de la société voulant que la vue baisse avec l'âge. J'avais vu des gens étirer le bras afin de pouvoir lire quelque chose. J'avais entretenu la pensée selon laquelle la vue diminue avec l'âge, et j'avais attiré ce phénomène à moi. Je ne l'avais pas fait délibérément, mais je l'avais fait. Je savais que je pouvais changer ce que j'avais attiré avec mes pensées, et j'ai donc immédiatement imaginé que je pouvais voir aussi clairement qu'à l'âge de 21 ans.

Je me suis visualisée en train de lire sans effort dans des restaurants à l'éclairage tamisé, dans des avions, et devant l'écran de mon ordinateur. Et j'ai répété et répété : « Je peux voir clairement. Je peux voir clairement. » Je me suis imprégnée de sentiments de gratitude et d'enthousiasme pour ma vision parfaite. En l'espace de trois jours, ma vision avait retrouvé toute sa force et je n'ai plus besoin de lunettes de lecture. Je peux voir clairement.

Lorsque j'en ai parlé au Dr Johnson, l'un des professeurs que l'on peut voir dans le film *Le Secret*, il m'a dit : « Vous rendiez-vous compte de ce qui devait arriver à vos yeux pour que vous obteniez un tel résultat en trois jours ? » J'ai répondu : « Non, Dieu merci, car cette pensée aurait été présente dans mon esprit ! Je savais seulement que je pouvais y arriver et que je pouvais y arriver rapidement. » (Parfois, il vaut mieux ne pas trop en savoir !)

Le Dr Johnson s'étant lui-même débarrassé d'une maladie « incurable », le recouvrement de ma vision me semblait assez négligeable en comparaison du miracle qu'il avait réalisé. De fait, je m'attendais à retrouver une vision parfaite du jour au lendemain. Donc, un délai de trois jours n'avait rien de miraculeux dans mon esprit.

Rappelez-vous que les concepts de temps et de taille n'existent pas dans l'Univers. Il est tout aussi facile de guérir un bouton d'acné qu'une maladie grave. Le processus est identique ; la différence se situe dans notre esprit. Par conséquent, si vous avez attiré un problème de santé, réduisez-le dans votre esprit à la taille d'un bouton d'acné, débarrassez-vous de toutes vos pensées négatives, et concentrez-vous ensuite sur la perfection de votre santé.

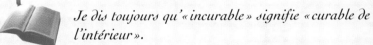

Rien n'est incurable

Dʀ John Demartini

Je dis toujours qu'«incurable» signifie «curable de l'intérieur».

Je crois et je sais que rien n'est incurable. Toutes les maladies soi-disant incurables ont été guéries à un moment ou à un autre. Dans mon esprit, et dans le monde que je crée, le mot «incurable» n'existe pas. Il y a beaucoup de place pour vous dans ce monde. Venez donc m'y rejoindre et rejoindre tous ceux qui s'y trouvent déjà. C'est un monde où des «miracles» se produisent tous les jours. C'est un monde débordant d'une abondance totale, où toutes les bonnes choses existent en ce moment même, à l'intérieur de vous. On dirait le paradis, n'est-ce pas ? Ça l'est.

MICHAEL BERNARD BECKWITH

Vous pouvez changer votre vie et vous guérir vous-même.

MORRIS GOODMAN
AUTEUR ET CONFÉRENCIER INTERNATIONAL

Mon histoire commence le 10 mars 1981. Ce jour-là a vraiment changé toute ma vie. C'est un jour que je n'oublierai jamais. Mon avion s'est écrasé. Je me suis retrouvé à l'hôpital, complètement paralysé. Ma moelle épinière avait été broyée, j'avais les première et deuxième vertèbres cervicales fracturées, et j'avais perdu mon réflexe de déglutition, je ne pouvais ni boire ni manger, mon diaphragme avait été détruit, je ne pouvais plus respirer. Je ne pouvais plus que cligner des yeux.

Les médecins, bien entendu, ont dit que j'étais condamné à mener une existence végétative. Je serais uniquement capable de cligner des yeux. C'est l'image qu'ils se faisaient de moi, mais peu m'importait ce qu'ils pensaient. Ce qui comptait, c'était ce que je pensais, moi. J'ai imaginé que j'étais de nouveau une personne normale, et que je sortais de cet hôpital sur mes deux jambes.

La seule chose avec laquelle je pouvais travailler à l'hôpital était mon esprit, et lorsqu'on a son esprit, on peut recoller les morceaux.

J'étais branché à un respirateur et les médecins m'ont dit que je ne respirerais plus jamais par mes propres moyens, car mon diaphragme avait été détruit. Mais une petite voix intérieure ne cessait de me murmurer : «Respire profondément, respire profondément». Et j'ai finalement pu me passer du respirateur. Mes médecins étaient incapables de trouver une explication. Je ne pouvais pas permettre à quoi que ce soit de pénétrer dans mon esprit pour me distraire de mon but ou de ma vision.

J'avais pris la résolution de sortir de l'hôpital à Noël. Et c'est ce que j'ai fait. J'en suis sorti sur mes deux jambes. Les médecins avaient dit que c'était impossible. C'est un jour que je n'oublierai jamais.

Pour les gens qui souffrent en ce moment même, si je voulais résumer ma vie et résumer ce qu'ils peuvent faire dans la vie, je le ferais au moyen d'un bref énoncé : «L'être humain devient ce qu'il pense.»

Morris Goodman est connu comme l'homme miracle. Son témoignage a été retenu lors du tournage du film *Le Secret* parce qu'il démontre l'incommensurable pouvoir et le potentiel illimité de l'esprit humain. Morris connaissait le pouvoir intérieur qui lui permettrait d'attirer dans sa vie ce à quoi il choisissait de penser. Tout est possible. L'histoire de Morris Goodman a inspiré des milliers de gens à penser, à imaginer et à *sentir* la voie de leur guérison. Il a transformé le plus grand défi de sa vie en un don d'une valeur inestimable.

Depuis la sortie du film *Le Secret*, nous avons été inondés de témoignages de gens relatant des guérisons de toutes sortes. Tout est possible lorsque vous croyez.

Pour terminer ce chapitre sur la santé, j'aimerais partager avec vous ces propos instructifs du Dr Ben Johnson : « Nous entrons maintenant dans l'ère de la médecine de l'énergie. Tout dans l'Univers a une fréquence et il suffit de modifier une fréquence ou de créer une fréquence opposée. Tout peut être changé dans le monde, que ce soit une maladie ou un problème émotionnel, ce n'est pas plus compliqué que cela. C'est énorme, c'est extraordinaire. C'est la plus grande découverte que nous n'ayons jamais faite. »

Le Secret en bref

🌿 L'effet placebo est un exemple de la loi de l'attraction en pleine action. Lorsqu'un patient croit profondément que le comprimé qu'il prend est un médicament, il reçoit l'équivalent de ses croyances et il guérit.

🌿 « Se concentrer sur la santé parfaite » est quelque chose que nous pouvons tous faire en notre for intérieur, peu importe ce qui se passe autour de nous.

🌿 Le rire attire la joie, libère de la négativité, et est à l'origine de guérisons miraculeuses.

🌿 C'est la pensée qui garde la maladie prisonnière de notre corps. Nous l'entretenons en observant sa manifestation et en y prêtant attention. Si vous vous sentez légèrement indisposé, n'en parlez pas, à moins que vous souhaitiez vous sentir encore plus mal. Si vous écoutez les autres parler de leurs maladies, vous ajoutez de l'énergie à leurs problèmes de santé. Faites plutôt dévier la conversation sur des sujets positifs et axez vos pensées sur leur bien-être.

🌿 Les croyances à propos du vieillissement ne sont qu'un produit de notre esprit. Libérez donc votre conscience de ces pensées. Concentrez-vous sur la santé et la jeunesse éternelle.

🌿 N'écoutez pas le message que la société livre en ce qui a trait à la maladie et au vieillissement. Les messages négatifs ne vous aident en rien.

Le Secret et le monde

LISA NICHOLS

Les gens ont tendance à ne voir que ce qu'ils veulent voir et disent : « Oui, cela me plaît, je le veux. » Cependant, ils regardent aussi les choses qu'ils ne veulent pas et ils leur confèrent tout autant d'énergie, sinon plus, en pensant qu'ils peuvent s'en débarrasser, les éliminer, les effacer. Dans notre société, nous avons accepté la notion du combat. Combattre le cancer, combattre la pauvreté, combattre la guerre, combattre la drogue, combattre le terrorisme, combattre la violence. Nous avons tendance à combattre tout ce que nous ne voulons pas, ce qui ne fait qu'accentuer toutes ces choses que nous souhaitons éradiquer.

HALE DWOSKIN

PROFESSEUR ET AUTEUR DE L'OUVRAGE INTITULÉ *THE SEDONA METHOD*

Nous créons tout ce sur quoi nous nous concentrons. Donc, si nous sommes réellement en colère, par exemple, parce qu'une guerre se déroule quelque part, parce qu'il y a de la discorde ou de la souffrance dans le monde, nous y ajoutons notre énergie. Nous nous hérissons et cela ne fait que créer de la résistance.

« Ce à quoi vous résistez persiste. »
Carl Jung (1875-1961)

BOB DOYLE

Si la résistance mène à la persistance, c'est que lorsque vous résistez à quelque chose, vous dites : « Non, je ne veux pas de cette chose, parce qu'elle fait naître en moi certaines émotions, celles-là mêmes que j'éprouve en ce moment. » Donc, vous dégagez une émotion très intense pouvant se traduire par « je n'aime vraiment pas cette sensation », et elle vous fonce dessus à toute vitesse.

Résister à quelque chose, c'est comme tenter de changer les images extérieures après qu'elles ont été transmises. C'est une entreprise futile. Il faut que vous vous tourniez vers l'intérieur et que vous émettiez un nouveau signal avec vos pensées et vos sentiments, de manière à créer un nouveau tableau.

En résistant à ce qui vient d'apparaître, vous ne faites qu'ajouter de l'énergie et du pouvoir à ces images que vous n'aimez pas, et vous en attirez d'autres similaires à un rythme fulgurant. Cet événement ou les circonstances ne pourront que s'amplifier, car telle est la loi de l'Univers.

JACK CANFIELD

Les mouvements pacifistes créent davantage de guerres. La lutte antidrogue fait grossir le nombre de narcotrafiquants. Parce que nous nous concentrons sur ce que nous ne voulons pas : la drogue !

LISA NICHOLS

Les gens croient qu'il faut se concentrer sur ce qu'on veut réellement éliminer. Mais pourquoi donner toute notre énergie à ce problème en particulier, au lieu de nous concentrer sur la confiance, l'amour, l'abondance, l'éducation ou la paix ?

JACK CANFIELD

Mère Teresa était brillante. Elle a dit : « Je ne participerai jamais à un ralliement contre la guerre. Si vous organisez un ralliement pour la paix, invitez-moi. » Elle savait. Elle comprenait Le Secret. Pensez seulement à ce qu'elle a concrétisé dans le monde.

HALE DWOSKIN

Si vous êtes contre la guerre, proclamez plutôt que vous êtes pour la paix. Si vous êtes contre la faim dans le monde, proclamez plutôt que vous êtes pour l'abondance. Si vous êtes contre un politicien en particulier, proclamez plutôt que vous appuyez son adversaire. Souvent, les suffrages favorisent la personne à laquelle les gens s'opposent le plus, car toute leur énergie et toute leur attention sont dirigées vers elle.

Tout dans ce monde a commencé par une pensée. Les événements s'amplifient sans cesse parce que davantage de gens y pensent après qu'ils se sont manifestés. Et puis ces pensées et ces émotions gardent ces événements dans notre existence, et continuent de les amplifier. Si nous en détournions notre esprit et nous concentrions plutôt sur l'amour, ils ne pourraient exister. Ils s'évaporeraient et disparaîtraient.

« Ceci est l'un des concepts les plus difficiles à saisir, mais c'est aussi l'un des plus merveilleux. Rappelez-vous que peu importe les difficultés, peu importe où se trouve ce que vous voulez, peu importe qui cela touche, vous n'avez que vous comme client ; vous n'avez que vous à convaincre de la vérité dont vous souhaitez voir la manifestation. »

Charles Haanel

JACK CANFIELD

Il n'y a rien de mal à remarquer ce que vous ne voulez pas, parce que cela vous donne l'occasion de dire, par opposition : « Voici ce que je veux. » Mais il n'en demeure pas moins que plus vous parlez de ce que vous ne voulez pas, décrivez en quoi cela est néfaste, lisez constamment sur ce sujet, et clamez ensuite à quel point cela est terrible, eh bien, vous en créez davantage de manifestations.

Vous ne pourrez pas aider le monde en vous concentrant sur des choses négatives. En focalisant votre attention sur les événements négatifs qui se produisent dans le monde, non seulement vous les amplifiez, mais vous attirez simultanément davantage de choses négatives dans votre propre vie.

Lorsqu'une chose que vous ne voulez pas se manifeste, c'est un signal qui vous indique de penser autrement, d'émettre une nouvelle fréquence. S'il s'agit d'une situation qui touche le monde entier, vous n'êtes pas impuissant. Vous êtes doté de tous les pouvoirs. Concentrez-vous sur le bonheur à l'échelle planétaire. Concentrez-vous sur l'abondance de nourriture. Axez vos pensées sur ce que veut la planète. Vous avez la capacité de donner beaucoup au monde en envoyant dans l'Univers des sentiments d'amour et de bien-être, malgré ce qui se passe autour de vous.

JAMES RAY

Les gens me disent très souvent : « Eh bien, James, il faut que je me tienne au courant. » Peut-être devez-vous être bien informé, mais il n'est pas nécessaire de vous laisser inonder par l'information.

Lorsque j'ai découvert Le Secret, j'ai décidé que je n'écouterais plus les actualités à la télévision et que je ne lirais plus les journaux, car cela ne me procurait aucun bien-être. Les services de nouvelles et les journaux ne sont pas à blâmer pour la diffusion de mauvaises nouvelles. En tant que collectivité mondiale, nous en sommes responsables. Nous achetons davantage de journaux lorsqu'un drame terrible fait la une. Les cotes d'écoute des canaux de nouvelles montent en flèche lorsque se produit une catastrophe nationale ou internationale. Par conséquent, les services de nouvelles et les journaux nous proposent davantage de mauvaises nouvelles parce que, en tant que société, c'est ce que nous disons vouloir. Les médias sont l'effet et nous sommes la cause. C'est tout simplement la loi de l'attraction en pleine action !

Les services de nouvelles et les journaux changeront le contenu de ce qu'ils nous offrent lorsque nous émettrons un nouveau signal et nous concentrerons sur ce que nous voulons.

MICHAEL BERNARD BECKWITH

Apprenez à trouver la sérénité et à détourner votre attention de ce que vous ne voulez pas, et de toute la charge émotionnelle qui l'entoure. Concentrez-vous plutôt sur ce que vous souhaitez vivre... L'énergie voyage dans la même direction que vos pensées.

« Pensez avec toute la force de vos convictions, et vos pensées feront disparaître la faim dans le monde. »

Horatio Bonar (1808-1889)

Commencez-vous à comprendre le pouvoir phénoménal que vous avez dans ce monde, grâce à votre seule existence ? En vous concentrant sur de bonnes choses, vous vous sentez bien, et vous attirez davantage de bonnes choses dans le monde. En même temps, vous attirez davantage de bonnes choses dans votre propre vie. Lorsque vous vous sentez bien, vous élevez votre vie et vous élevez le monde !

La loi est la perfection appliquée.

DR JOHN DEMARTINI

Je dis toujours que l'on a maîtrisé sa vie lorsque la voix et la vision intérieures deviennent plus profondes, plus claires et plus fortes que les opinions extérieures !

LISA NICHOLS

Il ne vous appartient pas de changer le monde, ou les gens qui vous entourent. Mais c'est à vous de cheminer au rythme de l'Univers et de le célébrer à l'intérieur du monde qui existe.

Vous êtes le maître de votre vie, et l'Univers exécute tous vos ordres. Ne vous laissez pas hypnotiser par les tableaux qui se manifestent s'ils ne correspondent pas à ce que vous voulez. Assumez-en la responsabilité, minimisez-en l'importance si vous le pouvez, et oubliez-les. Nourrissez par la suite des pensées axées sur ce que vous voulez, imprégnez-vous-en, et éprouvez de la gratitude à l'avance.

L'Univers est abondant

Dᴿ Joe Vitale

On me demande constamment : « Si tout le monde utilise le Secret, et considère l'Univers comme un catalogue, ne serons-nous pas un jour à court de marchandises ? Est-ce que tout le monde va se précipiter et vider les tablettes ? »

Michael Bernard Beckwith

Ce qu'il y a de merveilleux avec les enseignements du Secret, c'est qu'il y a de tout en abondance, pour tout le monde.

Il y a un mensonge qui agit comme un virus dans l'esprit de l'humanité. Et c'est : « Il n'y a pas suffisamment de bonnes choses pour tous. Il y a pénurie et il y a des limites, il n'y en a tout simplement pas assez pour tous. » Et ce mensonge pousse les gens à vivre dans la peur, la cupidité et l'avarice, et la pénurie devient tout ce qu'ils connaissent. Le monde s'est abonné au cauchemar.

La vérité est qu'il y de tout en abondance. Les idées créatrices pullulent. Il existe plus de pouvoir qu'il n'en faut. Il existe plus d'amour qu'il n'en faut. Il existe plus de joie qu'il n'en faut. Et tout ceci commence à se manifester par le biais d'un esprit qui est conscient de sa propre nature infinie.

Croire que l'abondance n'existe pas, c'est comme regarder le monde qui nous entoure et penser que tout vient de l'extérieur. Si c'est votre cas, il est plus que probable que vous ne verrez que pénurie et limites. Vous savez maintenant que rien ne se manifeste de l'extérieur, et que tout est généré par la pensée et les émotions qui nous habitent.

Alors, comment pourrions-nous manquer de quelque chose ? C'est impossible. Votre habileté à penser est illimitée et, par conséquent, les choses que vous pouvez attirer dans votre vie avec vos pensées sont illimitées. Et il en est de même pour chacun d'entre nous. Lorsque vous comprenez vraiment ceci, vous pensez avec un esprit qui est conscient de sa propre nature infinie.

JAMES RAY

Tous les grands maîtres qui ont foulé le sol de cette planète nous ont dit que la vie était faite pour l'abondance.

« L'essence de cette loi, c'est que vous devez penser abondance ; voir l'abondance, sentir l'abondance, croire en l'abondance. Ne permettez à aucune pensée axée sur la pénurie de pénétrer dans votre esprit. »

JOHN ASSARAF

Et au moment où nous croyons que les ressources diminuent, nous en trouvons d'autres qui nous permettent d'accomplir les mêmes choses.

L'histoire vraie d'une équipe d'exploration pétrolière au Belize est un exemple inspirant du pouvoir de l'esprit humain lorsqu'il s'agit de trouver des ressources. Les dirigeants de la Belize Natural Energy Limited avaient été formés par Dʳ Tony Quinn, le célèbre consultant qui se spécialise dans la physiologie humaniste. Grâce à cette formation, les dirigeants étaient persuadés que l'image mentale qu'ils se faisaient du Belize comme d'un pays producteur de pétrole prospère se matérialiserait.

Ils sont allés courageusement de l'avant en faisant de la prospection à Spanish Lookout, un village au Belize, et en l'espace d'une petite année, leur rêve et leur vision sont devenus réalité. La Belize Natural Energy Limited a découvert d'abondantes nappes de pétrole de qualité supérieure, là où cinquante autres entreprises avaient échoué. Le Belize est devenu un pays producteur de pétrole parce que des gens extraordinaires ont cru dans le pouvoir illimité de leur esprit.

Rien n'est limité, ni les ressources ni quoi que ce soit d'autre. Les limites naissent uniquement dans l'esprit humain. Lorsque nous ouvrons notre esprit à l'infini pouvoir créateur, nous attirons l'abondance, et nous voyons et faisons l'expérience d'un tout nouveau monde.

Dʳ John Demartini

Si nous disons qu'il y a pénurie, c'est que nous n'ouvrons pas notre esprit et ne voyons pas tout ce qui nous entoure.

Dᴿ Joe Vitale

On reconnaît aisément les gens qui commencent à vivre avec leur cœur et qui foncent pour obtenir ce qu'ils veulent, car ils n'ont plus les mêmes désirs. C'est ce qui fait plaisir à voir. Nous ne souhaitons pas tous avoir une BMW. Nous ne souhaitons pas tous vivre avec la même personne. Nous ne voulons pas tous faire les mêmes expériences. Nous ne voulons pas tous les mêmes vêtements. Nous ne voulons pas tous… (Complétez l'énoncé).

Nous vivons sur cette glorieuse planète, dotés de ce merveilleux pouvoir de créer notre vie ! Il n'y a pas de limites à ce que vous pouvez créer pour Vous, car votre habileté à penser est illimitée ! Mais vous ne pouvez pas créer la vie des autres à leur place. Vous ne pouvez pas penser pour eux, et si vous tentez d'imposer vos opinions à autrui, vous ne ferez qu'attirer des forces similaires à Vous. Laissez donc aux autres le soin de créer la vie qu'ils souhaitent.

Michael Bernard Beckwith

Il y a suffisamment de tout pour tous. Si vous le croyez, si vous arrivez à le voir, si vous agissez comme si tel était le cas, cette abondance se manifestera dans votre vie. C'est la vérité.

« S'il vous manque quelque chose, si vous êtes aux prises avec la pauvreté ou la maladie, c'est parce que vous ne croyez pas au pouvoir qui est le vôtre, ou que vous ne le comprenez pas. Ce n'est pas parce

que l'Univers vous le refuse. Il offre tout, à tout le
monde – il est impartial. »

Robert Collier

L'Univers offre *tout*, à *tous*, par le biais de la loi de
l'attraction. Vous avez la capacité de choisir ce que
vous voulez vivre. Souhaitez-vous qu'il y ait de tout à
profusion pour vous et pour tout le monde ? Alors,
proclamez-le avec conviction : « Il y a de tout en abondance. » « L'approvisionnement est illimité. » « Il y a tellement de splendeurs. » Nous avons tous la capacité de
puiser dans cet inépuisable réservoir invisible par le
biais de nos pensées et de nos sentiments, et de matérialiser nos désirs. Donc, choisissez pour Vous, car
vous êtes le seul à pouvoir le faire.

LISA NICHOLS

*Tout ce que vous voulez – la joie, l'amour,
l'abondance, la prospérité, le bonheur – est là, prêt
à être saisi. Et vous devez le vouloir de tout votre
cœur. Vous devez agir délibérément. L'Univers vous
livrera alors absolument tout ce que vous voulez.
Reconnaissez l'existence de toutes ces belles et
merveilleuses choses qui vous entourent, bénissez-les
et louangez-les. Inversement, ne gaspillez pas votre
énergie à vous plaindre des choses qui ne se
déroulent pas actuellement comme vous le
souhaiteriez. Concentrez-vous sur tout ce que vous
voulez de manière à en obtenir davantage.*

Les sages paroles de Lisa valent leur pesant d'or lorsqu'elle nous propose de « louanger » et de « bénir » les choses qui nous entourent. Louangez et bénissez tout ce qu'il y a dans votre vie ! Vous syntoniserez ainsi la fréquence la plus élevée : l'amour. Dans la Bible, les Hébreux avaient recours à la bénédiction pour attirer à eux la santé, la richesse et le bonheur. Ils connaissaient le pouvoir de la bénédiction. De nombreuses personnes n'ont jamais béni les autres que lorsqu'elles éternuent, et elles n'ont donc jamais utilisé pleinement l'un des plus grands pouvoirs qui existent.

Le dictionnaire définit la bénédiction comme « l'invocation d'une faveur divine ou l'action de souhaiter à autrui le bien-être ou la prospérité ». Commencez donc dès maintenant à invoquer le pouvoir de la bénédiction dans votre vie, et bénissez tout et tout le monde. Faites de même avec les louanges, car lorsque vous louangez quelqu'un ou quelque chose, vous distribuez de l'amour, et en émettant cette magnifique fréquence, vous recevrez en échange de l'amour au centuple.

Les louanges et la bénédiction dissolvent la négativité. Par conséquent, louangez et bénissez vos ennemis. Si vous maudissez vos ennemis, cette malédiction se retournera contre vous. Si vous les louangez et les bénissez, vous éliminerez toute négativité et toute discorde, et l'amour associé aux louanges et à la bénédiction vous sera rendu. En louangeant et en bénissant, vous sentirez que vous avez syntonisé une nouvelle fréquence, car vous attirerez un sentiment de bien-être.

Dʀ Denis Waitley

La majorité des leaders du passé n'ont pas saisi l'essentiel du Secret, qui est de le partager avec autrui.

Nous vivons à l'époque idéale. C'est la première fois dans l'histoire que nous avons au bout des doigts le pouvoir d'acquérir des connaissances.

Grâce à ces connaissances, vous devenez conscient de la vérité du monde, et de vous-même. C'est aux enseignements de Robert Collier, Prentice Mulford, Charles Haanel et Michael Bernard Beckwith que je dois mes plus grandes découvertes en ce qui a trait au monde. Avec cette compréhension est venue une liberté totale. J'espère de tout cœur que vous arriverez à connaître cette même liberté. Si oui, alors, par le biais de votre seule existence et le pouvoir de vos pensées, vous ferez le plus grand bien à ce monde et à l'avenir de l'humanité tout entière.

Le Secret en bref

🌿 Ce à quoi vous résistez, vous l'attirez, car vous y êtes puissamment lié par l'émotion. Pour changer quoi que ce soit, tournez-vous vers l'intérieur et émettez une nouvelle fréquence avec vos pensées et vos sentiments.

🌿 Vous ne pouvez pas aider le monde en vous concentrant sur des événements négatifs. En y prêtant attention, vous ne faites que les amplifier, et vous attirez également davantage de circonstances négatives dans votre vie.

🌿 Au lieu de vous attarder aux problèmes du monde, canalisez votre attention et votre énergie sur la confiance, l'amour, l'abondance, l'éducation et la paix.

🌿 Vous ne manquerez jamais de bonnes choses, car il y en a suffisamment pour tout le monde. La vie a été conçue pour l'abondance.

🌿 Vous avez la capacité de puiser dans un inépuisable réservoir par le biais de vos pensées et de vos sentiments, et de matérialiser vos désirs.

🌿 Louangez et bénissez tout ce qu'offre le monde, et vous éliminerez la négativité et la discorde, syntonisant ainsi la plus élevée des fréquences : l'amour.

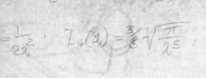

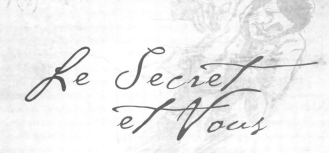

Le Secret et Vous

Dᴿ John Hagelin

Lorsque nous regardons autour de nous, ou seulement notre propre corps, nous ne voyons que la pointe de l'iceberg.

Bob Proctor

Réfléchissez à ceci pendant un moment. Regardez vos mains. Elles paraissent solides, mais elles ne le sont pas du tout. Si vous les mettez sous la lentille d'un microscope assez puissant, vous verrez une masse d'énergie vibrante.

John Assaraf

Tout est composé de la même matière exactement, que ce soit vos mains, l'océan ou une étoile.

Dᴿ Ben Johnson

Tout est énergie, et permettez-moi de vous aider à mieux comprendre ce concept. Il y a l'Univers, notre galaxie, notre planète, et puis ses habitants. Et puis à l'intérieur de notre corps se trouvent des organes qui se décomposent en cellules, en molécules et en atomes. Et puis, il y a l'énergie. On peut donc penser à de nombreux niveaux, mais tout dans l'Univers est énergie.

Lorsque j'ai découvert Le Secret, j'ai voulu savoir ce que les scientifiques et les physiciens en pensaient. Ce que j'ai constaté est tout simplement stupéfiant. Ce qu'il y a de plus excitant à propos de la vie à notre époque, c'est que les découvertes de la physique quantique et de la nouvelle science sont en parfaite harmonie avec les enseignements du Secret, et avec les connaissances de tous les grands maîtres qui nous ont précédés.

Je n'ai jamais étudié les sciences ou la physique à l'école, et pourtant lorsque j'ai lu des ouvrages complexes traitant de physique quantique, je les ai parfaitement compris parce que je voulais les comprendre. L'étude de la physique quantique m'a aidé à mieux comprendre Le Secret, à un niveau énergétique. Pour de nombreuses personnes, leurs croyances se trouvent renforcées lorsqu'elles voient une corrélation parfaite entre la connaissance du Secret et les théories de la nouvelle science.

Permettez-moi de vous expliquer pourquoi vous êtes la tour de transmission la plus puissante de l'Univers.

En termes simples, toute énergie vibre à une fréquence. Étant vous-même de l'énergie, vous vibrez également à une fréquence, et ce sont vos pensées et vos sentiments qui déterminent cette fréquence, en tout temps. Toutes les choses que vous voulez sont composées d'énergie, et elles vibrent elles aussi. *Tout* est énergie.

Et voici le facteur d'« émerveillement ». Lorsque vous pensez à ce que vous voulez, et que vous émettez la fréquence y correspondant, vous poussez l'énergie de vos désirs à vibrer à cette fréquence et vous attirez à Vous cette fréquence ! En vous concentrant sur ce que vous voulez, vous modifiez la vibration des atomes y correspondant, et vous les faites vibrer *pour* Vous. La raison pour laquelle vous êtes la tour de transmission la plus puissante de l'Univers, c'est que vous avez reçu le pouvoir de concentrer votre énergie par le biais de vos pensées et d'altérer les vibrations de ce sur quoi vous vous concentrez, ce qui l'attire ensuite à vous comme si vous étiez un aimant.

Lorsque vous pensez à ces choses que vous voulez et que vous les sentez, vous syntonisez immédiatement cette fréquence, une fréquence qui incite ensuite l'énergie de ces choses à vibrer pour vous, et elles se manifestent dans votre vie. La loi de l'attraction stipule que *qui se ressemble s'assemble*. Vous attirez l'énergie comme un aimant, et vous établissez donc un courant électrique entre vous et tout ce que vous voulez. Chaque être humain gère sa propre énergie magnétique, car personne ne peut penser et sentir à sa place, et ce sont ses pensées et ses sentiments qui créent la fréquence sur laquelle il se trouve.

Il y a près d'un siècle, sans pouvoir s'appuyer sur les découvertes scientifiques qui allaient suivre, Charles Haanel comprenait déjà le fonctionnement de l'Univers.

« L'Esprit universel n'est pas qu'intelligence, il est aussi substance, et cette substance est la force d'attraction qui rassemble les électrons qui, par le biais de la loi de l'attraction, forment ensuite les atomes ; à leur tour, les atomes se rassemblent selon les règles de la même loi et forment les molécules ; les molécules prennent des formes objectives et nous pouvons alors constater que la loi est la force créatrice qui se trouve derrière toute manifestation, non pas uniquement des atomes, mais aussi des mondes, de l'Univers, de tout ce que peut concevoir l'imagination. »

Charles Haanel

BOB PROCTOR

Peu importe la ville dans laquelle vous vivez, il y a suffisamment de pouvoir en vous, un pouvoir potentiel, pour éclairer cette ville tout entière pendant près d'une semaine.

« Prendre conscience de ce pouvoir, c'est devenir un "fil sous tension". L'Univers est un fil sous tension. Il transporte un pouvoir capable de gérer toute situation dans la vie de tout individu. Lorsque l'esprit de cet individu touche l'Esprit universel, il capte tout son pouvoir. »

Charles Haanel

JAMES RAY

La majorité des gens se définissent comme une enveloppe charnelle, mais vous n'êtes pas une enveloppe charnelle. Sous la lentille d'un microscope, vous êtes un champ d'énergie. Voici ce que nous savons de l'énergie. Supposons que vous posiez la question suivante à un physicien quantique : «Qu'est-ce qui a créé le monde ?» Il vous répondra : «L'énergie.» «Eh bien, donnez-moi une description de l'énergie.» «Très bien. Elle ne peut être créée ni détruite, elle a toujours été, a toujours existé, tout ce qui a existé existe toujours, tout prend forme, transcende la forme et se transforme.» Supposons maintenant que vous demandiez à un théologien : «Qu'est-ce qui a créé l'Univers ?» Il vous répondra : «Dieu.» «Très bien. Décrivez Dieu.» «Il a toujours été, a toujours existé, il ne peut être créé ni détruit, tout ce qui a été sera toujours, prendra toujours forme, se transcendera et se transformera.» Voyez-vous, c'est la même description.
Seule la terminologie change.

Donc, si vous pensez que vous êtes un «morceau de viande» ambulant, réfléchissez. Vous êtes un être spirituel ! Vous êtes un champ d'énergie, évoluant dans un champ d'énergie plus vaste.

Comment tout cela fait-il de vous un être spirituel ? À mon avis, la réponse à cette question est l'une des facettes les plus fascinantes du Secret. Vous êtes de l'énergie et l'énergie ne peut être créée ni détruite. L'énergie ne fait que changer de forme. Et c'est Vous ! Votre véritable essence, votre énergie pure a toujours été et existera toujours. Vous ne pouvez jamais *ne pas* être.

Vous le savez au plus profond de vous. Pouvez-vous imaginer ne pas être ? Malgré tout ce que vous avez vu et vécu pendant votre vie, pouvez-vous imaginer ne pas être ? Vous ne le pouvez pas, parce que c'est impossible. Vous êtes une énergie éternelle.

L'unique Esprit universel

Dᴿ John Hagelin

La mécanique quantique le confirme. La cosmologie quantique le confirme. L'Univers émerge essentiellement de la pensée et toute cette matière qui nous entoure n'est que projection de pensées. En fin de compte, nous sommes la source de l'Univers, et lorsque nous comprenons ce pouvoir après en avoir fait directement l'expérience, nous pouvons commencer à exercer notre autorité et commencer à multiplier nos réalisations. Créez tout. Sachez tout, sachez-le en puisant dans le champ de votre propre conscience, qui n'est autre que la Conscience universelle qui régit l'Univers.

Donc, c'est la façon dont nous utilisons ce pouvoir, positivement ou négativement, qui détermine l'état de santé de notre corps, le type d'environnement que nous créons. Nous sommes donc les créateurs de

*notre propre destinée, et nous sommes par le fait
même les créateurs de la Destinée universelle. Nous
sommes les créateurs de l'Univers. Il n'y a donc pas
de limites, absolument aucune, au potentiel humain.
C'est notre compréhension de cette dynamique
profonde et la façon que nous l'exerçons qui nous
permettent de harnacher ce pouvoir. Et, encore une
fois, cela dépend du niveau auquel nous pensons.*

Certains des plus grands maîtres décrivent l'Univers
de la même façon que John Hagelin, en disant qu'il
n'existe rien d'autre qu'un unique Esprit universel, et
que cet Esprit unique est partout. Il existe en tout. Cet
Esprit unique est la somme de toute intelligence, de
toute sagesse et de toute perfection. Il est tout et
partout en même temps. Si tout est cet unique Esprit
universel, et que son tout existe partout, alors il est
tout entier en Vous !

Permettez-moi de vous aider à comprendre ce que
cela signifie pour vous. Cela signifie que *toute possibilité existe déjà*. Toute connaissance, toute découverte
et toute future invention se trouvent dans l'Esprit
universel en tant que possibilités, attendant que
l'esprit humain aille les y puiser. Toutes les créations
et les inventions qui ont marqué l'histoire ont également été puisées dans l'Esprit universel, que son
créateur en ait été conscient ou non.

Comment puiser dans l'Esprit universel ? On y arrive
par le biais de notre conscience et en mettant à profit
notre merveilleuse imagination. Cherchez autour de
vous des besoins qui doivent être satisfaits. Imaginez

si nous avions une grande invention pour faire ceci, pour faire cela. Soyez à l'affût des besoins, et puis imaginez qu'ils ont été comblés. Vous n'avez pas à faire vous-même la découverte ou à créer l'invention. L'Esprit suprême a cette possibilité en lui. Il suffit que vous orientiez votre esprit sur le résultat final, que vous imaginiez la satisfaction de ce besoin, et vous en attirerez la manifestation. En demandant, sentant et croyant, vous recevrez. Il y a un réservoir inépuisable d'idées qui n'attendent que vous y puisiez. Vous possédez tout dans votre conscience.

« L'Esprit divin est la seule et unique réalité. »

Charles Fillmore

JOHN ASSARAF

Nous sommes tous connectés. Nous ne le voyons tout simplement pas. Il n'existe pas de « là-bas » et de « par ici ». Il n'existe qu'un unique champ d'énergie.

Donc, sous n'importe quel angle, le résultat est toujours le même. Nous sommes Un. Nous sommes tous connectés, et nous faisons tous partie de l'unique Champ énergétique, ou de l'unique Esprit suprême, ou de la Conscience unique, de la Source créatrice unique. Donnez-y le nom que vous voulez, mais sachez que nous ne sommes qu'Un.

Si vous considérez maintenant la loi de l'attraction en tenant compte du fait que nous ne faisons qu'Un, vous ne pourrez que constater son absolue perfection.

Vous comprendrez pourquoi des pensées négatives dirigées vers autrui ne pourront que Vous blesser. Nous sommes Un ! Vous ne pouvez être blessé à moins d'appeler la manifestation du mal en émettant ces pensées et ces sentiments négatifs. Le droit de choisir vous a été donné, mais lorsque vous nourrissez des pensées négatives et avez des sentiments négatifs, vous vous dissociez de l'Un et du Bien suprême. Pensez à toutes ces émotions négatives qui existent et vous découvrirez qu'elles sont toutes fondées sur la peur. Elles naissent de pensées axées sur la séparation et d'une vision de vous-même en tant qu'être dissocié des autres.

La concurrence est un exemple de dissociation. Premièrement, lorsque vous nourrissez des pensées axées sur la concurrence, sachez qu'elles proviennent d'une mentalité nourrie par la pénurie, car vous dites que l'approvisionnement est limité. Vous dites qu'il n'y en a pas assez pour tout le monde, et que nous devons donc nous faire concurrence et nous battre pour obtenir ce que nous voulons. Vous ne gagnerez jamais, même si vous avez le sentiment d'en sortir vainqueur. Selon la loi de l'attraction, vous ne ferez qu'attirer davantage de gens et de circonstances pour Vous faire obstacle dans tous les aspects de votre vie, et vous ne pourrez que perdre. Nous sommes Un, et lorsque vous luttez contre quelqu'un, c'est Vous que vous combattez. Vous devez débarrasser votre esprit du concept de la compétition et devenir un esprit créateur. Concentrez-vous uniquement sur *vos* rêves, *vos* visions, et retirez toute notion de lutte de l'équation.

L'Univers constitue le Réservoir universel et le fournisseur absolu. Tout vient de l'Univers, et tout vous est livré *par le biais* de gens, de circonstances et d'événements, comme le stipule la loi de l'attraction. Pensez à la loi de l'attraction comme à la loi de l'approvisionnement. C'est la loi qui vous permet de puiser dans un réservoir infini. Lorsque vous émettez parfaitement la fréquence correspondant à ce que vous voulez, les gens parfaits, les circonstances parfaites et les événements parfaits seront dirigés vers vous !

Ce ne sont pas les autres qui vous donnent ce que vous désirez. Si vous entretenez cette fausse croyance, vous connaîtrez la pénurie, car vous voyez le monde extérieur et les gens comme une source d'approvisionnement. Le véritable réservoir est le champ invisible que vous l'appeliez Univers, Esprit suprême, Dieu, Intelligence infinie, etc. Chaque fois que vous recevez quelque chose, rappelez-vous que vous l'avez attiré à vous grâce à la loi de l'attraction, en ayant syntonisé la fréquence y correspondant et en ayant été en harmonie avec le Réservoir universel. L'Intelligence universelle qui imprègne tout a mis en branle les gens, les circonstances et les événements afin de vous donner cette chose, car telle est la loi.

LISA NICHOLS

Nous nous laissons souvent distraire par cette chose que nous appelons notre corps ou notre être physique. Il ne fait qu'abriter notre esprit. Et votre esprit est si vaste qu'il peut remplir une pièce. Vous

êtes la vie éternelle. Vous êtes la manifestation de
Dieu sous une forme humaine, une forme parfaite.

MICHAEL BERNARD BECKWITH

*D'un point de vue biblique, nous pourrions dire que
nous sommes faits à l'image de Dieu. Nous
pourrions dire que nous sommes une autre
manifestation de l'Univers qui devient conscient de
lui-même. Nous pourrions dire que nous sommes le
champ infini d'un foisonnement de possibilités. Et
tout cela serait vrai.*

« Quatre-vingt-dix-neuf pour cent de votre personne
est invisible et non tangible. »

R. Buckminster Fuller (1895-1983)

Vous êtes Dieu dans un corps physique. Vous êtes
l'Esprit dans la chair. Vous êtes la Vie éternelle qui
s'incarne en Vous. Vous êtes un être cosmique. Vous
n'êtes que pouvoir. Vous n'êtes que sagesse. Vous
n'êtes qu'intelligence. Vous êtes la perfection. Vous êtes
la magnificence. Vous êtes le créateur, et vous créez la
création de Vous-même sur cette planète.

JAMES RAY

*Toutes les traditions nous ont dit que nous avons
été faits à l'image d'une source créatrice. Cela
signifie que vous avez le potentiel de Dieu
et le pouvoir de créer votre monde, et c'est
effectivement le cas.*

*Peut-être avez-vous déjà créé des choses
merveilleuses et dignes de vous, et peut-être ne
l'avez-vous pas fait. La question que j'aimerais que
vous vous posiez est celle-ci :* « Les résultats que
vous avez obtenus dans votre vie sont-ils
vraiment à la hauteur de vos attentes ? Sont-
ils dignes de vous ? » *S'ils ne le sont pas, alors
maintenant ne serait-il pas le moment idéal
de renverser la situation ? Parce que vous avez
le pouvoir de le faire.*

« Tout le pouvoir vient de l'intérieur
et se trouve donc sous notre gouverne. »

Robert Collier

Vous n'êtes pas votre passé

JACK CANFIELD

*Beaucoup de gens ont le sentiment d'être des
victimes dans la vie, et ils blâment souvent pour
cela les événements antérieurs, comme peut-être le
fait d'avoir grandi auprès d'un parent agresseur ou
au sein d'une famille dysfonctionnelle. La majorité
des psychologues croient qu'environ 85 % des
familles sont dysfonctionnelles. Donc, soudain,
vous ne faites plus exception.*

*Mes parents étaient alcooliques. Mon père m'a
agressé. Ma mère l'a quitté et a divorcé lorsque
j'avais six ans... En fait, d'une façon ou d'une*

autre, c'est l'histoire de pratiquement tout le monde. La véritable question est donc : « Qu'allez-vous faire maintenant ? Que choisissez-vous maintenant ? » Car vous pouvez soit continuer à vous concentrer sur la situation actuelle, ou vous pouvez vous concentrer sur ce que vous voulez. Et lorsque les gens commencent à se concentrer sur ce qu'ils veulent, ce qu'ils ne souhaitent pas perd de son importance, et ce qu'ils veulent s'amplifie et finit par prendre toute la place dans leur esprit.

« Une personne qui oriente son esprit sur le côté sombre de la vie, qui vit et revit les malheurs et les déceptions du passé, prie pour que des infortunes similaires se manifestent dans l'avenir. Si vous ne voyez que malchance devant vous, vous priez pour qu'elle soit vôtre, et elle le sera certainement. »

Prentice Mulford

Si vous faites un survol de votre vie et vous vous concentrez sur les problèmes qui ont marqué votre passé, vous ne faites qu'attirer davantage de circonstances malheureuses à Vous, maintenant. Lâchez prise, peu importe ce qui est arrivé. Faites-le pour vous. Si vous gardez rancune à une personne ou la blâmez pour quelque chose qu'elle a fait autrefois, vous ne faites que Vous faire du mal.

Vous êtes la seule personne qui puisse créer la vie que vous méritez. Si vous vous concentrez délibérément sur ce que vous voulez, si vous projetez des sentiments positifs, la loi de l'attraction entrera en action. Vous n'avez qu'à faire le premier pas, et tout en cheminant, vous déclencherez la magie.

LISA NICHOLS

Vous êtes le concepteur de votre destinée. Vous en êtes l'auteur. Vous en écrivez le scénario. Vous avez la plume à la main et la conclusion sera celle que vous choisirez.

MICHAEL BERNARD BECKWITH

Ce qui est merveilleux à propos de la loi de l'attraction, c'est que vous pouvez commencer dès maintenant; vous pouvez commencer à «penser vraiment», et vous pouvez commencer à générer à l'intérieur de vous un sentiment d'harmonie et de bonheur. La loi se mettra alors en action.

Dᴿ JOE VITALE

Vous commencez donc maintenant à avoir des croyances différentes, telles que : «Il y a surabondance dans l'Univers» ou «Je ne vieillis pas, je rajeunis». Nous pouvons façonner le monde tel que nous le voulons, en utilisant la loi de l'attraction.

MICHAEL BERNARD BECKWITH

Et vous pouvez vous libérer de votre héritage héréditaire, culturel et social, et prouver une fois pour toutes que le pouvoir qui vous habite est plus grand que le pouvoir qui habite le monde.

DR FRED ALAN WOLF

Vous pensez peut-être : « Eh bien, c'est très intéressant, mais je ne peux pas faire cela. » Ou : « Elle ne me laissera jamais faire cela ! » Ou : « Je n'ai pas assez d'argent pour faire cela. » Ou : « Je ne suis pas assez fort pour faire cela. » Ou : « Je ne suis pas assez riche pour faire cela. » Ou : « Je ne suis pas, je ne suis pas, je ne suis pas, je ne suis pas. »

Chacun de ces « je ne suis pas » est une création !

Il est bon d'être conscient de ces moments où vous dites « je ne suis pas », et de réfléchir à ce que vous créez en faisant cette affirmation. Ce concept puissant a également été entériné par tous les grands maîtres qui se sont penchés sur le pouvoir des mots *je suis*. Lorsque vous dites : « Je suis », les mots qui suivent commandent la création avec une force colossale, car vous déclarez qu'il s'agit d'un fait. Vous l'affirmez avec certitude. Et donc, immédiatement après avoir affirmé : « Je suis fatigué », ou « Je suis fauché », ou « Je suis malade », ou « Je suis en retard, ou « Je suis obèse », ou « Je suis vieux », le génie dit : « Vos désirs sont des ordres. »

Sachant cela, ne serait-ce pas une bonne idée de commencer à employer les deux mots les plus puissants, *JE SUIS*, et à en tirer parti ? Que diriez-vous de : « JE SUIS choyé. JE SUIS heureux. JE SUIS en santé. JE SUIS l'amour. JE SUIS toujours ponctuel. JE SUIS la jeunesse éternelle. JE SUIS rempli d'énergie jour après jour. »

Dans son ouvrage intitulé *The Key Master System*, Charles Haanel soutient qu'il existe une affirmation qui renferme absolument tout ce que l'être humain peut souhaiter, et que cette affirmation baignera toutes choses de conditions harmonieuses. Il ajoute : « Cela s'explique par le fait que cette affirmation est tout à fait conforme à la Vérité, et lorsque la Vérité apparaît, toute forme d'erreur ou de discorde doit nécessairement disparaître. »

Et cette affirmation est : « Je suis entier, parfait, fort, puissant, aimant, harmonieux et heureux. »

Si vous avez le sentiment qu'il est ardu de faire passer la concrétisation de vos désirs de l'invisible au visible, essayez ce raccourci : considérez ce que vous voulez comme étant un fait accompli. Vous obtiendrez ainsi ce que vous voulez à la vitesse de l'éclair. À la seconde même où vous formulez une requête, elle devient un *fait* dans le champ spirituel de l'Univers, et il n'existe rien d'autre que ce champ. Lorsque vous concevez quelque chose dans votre esprit, sachez qu'il s'agit d'un *fait*, et qu'il ne fait aucun doute que cela se matérialisera.

« Il n'y a pas de limites à ce que la loi peut faire pour vous ; osez croire en votre propre idéal ; pensez à cet idéal comme à un fait déjà accompli. »

Charles Haanel

Lorsque Henry Ford a concrétisé dans notre monde sa vision du véhicule automobile, son entourage l'a ridiculisé et a pensé qu'il délirait. Henry Ford en savait bien plus qu'eux. Il connaissait Le Secret et il connaissait la loi de l'Univers.

> « Il y a des gens qui disent qu'ils peuvent ;
> d'autres qu'ils ne peuvent pas.
> En général, ils ont tous raison. »
>
> *Henry Ford* (1863-1947)

Pensez-vous que vous pouvez ? Vous pouvez réaliser et faire tout ce que vous voulez grâce à cette connaissance. Dans le passé, vous avez peut-être sous-estimé votre intelligence. Eh bien, vous savez maintenant que vous êtes l'Esprit suprême et que vous puisez tout ce que vous voulez dans l'unique Esprit universel. Toute invention, toute inspiration, toute réponse, tout. Tout est à votre portée. Vous êtes un génie hors du commun. Alors, commencez à vous le dire et à prendre conscience de votre véritable nature.

Michael Bernard Beckwith

Y a-t-il des limites à ceci ? Absolument pas. Nous sommes des êtres illimités. Nous ne sommes pas plafonnés. Les aptitudes et les talents et les dons et le pouvoir qui se trouvent à l'intérieur de chaque individu vivant sur cette planète sont illimités.

Soyez conscient de vos pensées

Tout votre pouvoir se situe dans la conscience que vous avez de ce pouvoir, et dans votre capacité à en *demeurer* conscient.

Votre esprit pourrait ressembler à un train fou si vous lui lâchiez la bride. Il peut faire surgir des pensées du passé, et puis vous amener à penser à l'avenir en prenant des événements antérieurs désagréables et en les projetant *dans* cet avenir. Ces pensées non contrôlées ont également un pouvoir de création. Lorsque vous êtes conscient, vous vous situez dans le présent et vous savez ce à quoi vous pensez. Vous prenez le contrôle de vos pensées, et c'est là que se trouve tout votre pouvoir.

Donc, comment devient-on plus conscient ? Une façon d'y arriver consiste à *s'arrêter* et à se demander : «*À quoi est-ce que je pense en ce moment même ? Qu'est-ce que je ressens maintenant ?*» Dès que vous vous posez ces questions, vous devenez conscient, car vous avez ramené votre esprit au moment présent.

Chaque fois que vous y songez, revenez à la conscience du moment présent. Faites-le des centaines de fois par jour car, rappelez-vous, tout votre pouvoir se situe dans la conscience que vous avez de ce pouvoir. Michael Bernard Beckwith résume la conscience de ce

pouvoir lorsqu'il dit : « Souvenez-vous de vous sou-venir ! » Ces mots sont devenus le leitmotiv de ma vie.

Pour m'aider à devenir plus consciente, de manière à *me souvenir de me souvenir*, j'ai demandé à l'Univers de me donner un léger coup de coude chaque fois que mon esprit prend le dessus et « s'offre une petite fête » à mes dépens. Je sais que je reçois ce léger coup de coude si je me cogne ou si je laisse tomber quelque chose, si j'entends un bruit assourdissant, ou bien une alarme ou une sirène qui se déclenche.

Ce ne sont que des signaux qui m'indiquent que mon esprit s'emballe, et qu'il faut que je revienne à la réalité. Lorsque je capte ces signaux, je m'arrête immédia-tement et je me demande : *« À quoi est-ce que je pense ? Qu'est-ce que je ressens ? Suis-je consciente ? »* Et, bien en-tendu, je deviens conscience dès que je me pose ces questions. Dès que vous vous demandez si vous êtes conscient, vous êtes présent. Vous êtes conscient.

> « Le véritable secret du pouvoir
> est la conscience du pouvoir. »
>
> *Charles Haanel*

Dès que vous devenez conscient du pouvoir du Secret, et que vous commencez à l'utiliser, vous trouvez des réponses à toutes vos questions. Dès que vous com-mencez à avoir une compréhension profonde de la loi de l'attraction, vous pouvez commencer à faire vôtre l'habitude de poser des questions et, ce faisant, vous recevrez une réponse à chacune d'elles. Vous pouvez commencer à utiliser ce livre pour cette raison bien précise. Si vous cherchez une réponse ou un conseil relativement à votre vie, posez la question, croyez que vous recevrez, et puis ouvrez ce livre au hasard. À la page même où il s'ouvrira se trouveront le conseil et la réponse que vous cherchez.

En fait, l'Univers vous a offert des réponses pendant toute votre vie, mais vous ne pouvez capter les réponses à moins d'être conscient. Soyez conscient de tout ce qui vous entoure, car vous pouvez recevoir les réponses à vos questions à n'importe quel moment de la journée. Les canaux que peuvent emprunter ces réponses sont *illimités*. Elles peuvent vous être livrées sous la forme d'un grand titre qui attirera votre attention dans un journal, ou d'une bribe de conversation captée par hasard, ou d'une chanson entendue à la radio, ou d'un slogan peint sur un camion, ou d'une inspiration soudaine. *Souvenez-vous de vous souvenir*, et devenez conscient !

J'ai découvert en observant ma propre vie et celle des autres que nous n'avons pas toujours bonne opinion de nous-mêmes et que nous ne nous aimons pas inconditionnellement. Ne pas nous aimer peut *empêcher* ce que nous voulons de venir à nous. Lorsque nous ne nous aimons pas, nous repoussons littéralement les choses que nous souhaitons.

Tout ce que nous voulons, peu importe ce que c'est, est motivé par l'amour. C'est éprouver un sentiment d'*amour* à l'idée de posséder ces choses : jeunesse,

argent, le conjoint idéal, emploi, corps idéal ou santé. Pour attirer ce que nous aimons, nous devons éprouver de l'amour, et ces choses apparaîtront immédiatement dans notre vie.

Toutefois, pour transmettre cette fréquence la plus élevée, celle de l'amour, nous devons nous aimer nous-mêmes, et cela peut être difficile pour beaucoup de gens. Si vous vous concentrez sur le monde extérieur et sur ce que vous y voyez maintenant, vous pouvez vous faire un croche-pied, car ce que vous voyez et ressentez à votre égard est le résultat de ce que vous avez l'*habitude* de penser. Si vous ne vous aimez pas, il est fort probable que la personne que vous voyez maintenant a tous les défauts que vous avez vous-même.

Pour vous aimer pleinement, vous devez vous concentrer sur une nouvelle dimension de Vous. Vous devez vous concentrer sur la *présence* qui se trouve en vous. Prenez un moment et demeurez assis sans bouger. Concentrez-vous sur la *présence de la vie* qui vous habite. Si vous vous concentrez sur cette *présence* intérieure, elle commencera à se révéler à Vous. C'est un sentiment d'amour pur et de béatitude, c'est la perfection. Cette *présence* est Votre perfection. Cette *présence* est Votre nature *authentique*. En vous concentrant sur cette présence, en la sentant, en l'aimant et en la louangeant, vous vous aimerez pleinement, sans doute pour la première fois de votre vie.

Chaque fois que vous posez sur vous un regard critique, aiguillez immédiatement votre attention sur la *présence* qui vous habite, et sa perfection se révélera à Vous. Ce faisant, toutes les imperfections qui ont marqué votre vie disparaîtront, car les imperfections ne peuvent exister dans la lumière de cette présence. Que vous souhaitiez recouvrer une vision parfaite, guérir d'une maladie et retrouver le bien-être, transformer la pauvreté en abondance, renverser le processus de vieillissement et de dégénérescence, ou éradiquer toute négativité, concentrez-vous et aimez la présence qui vous habite, et la perfection se manifestera dans votre vie.

« L'absolue vérité, c'est que le "je" est parfait et complet; le véritable "je" est spirituel et ne peut par conséquent être moins que parfait; il ne peut jamais connaître la pénurie, la restriction ou la maladie. »

Charles Haanel

Le Secret en bref

❦ *Tout est énergie. Vous attirez l'énergie comme un aimant, et vous établissez donc un courant électrique entre vous et tout ce que vous voulez.*

❦ *Vous êtes un être spirituel. Vous êtes énergie, et l'énergie ne peut être créée ou détruite — elle ne fait que changer de forme. Par conséquent, l'essence pure de votre être a toujours été et existera toujours.*

❦ *L'Univers émerge de la pensée. Nous sommes non seulement les créateurs de notre propre destinée, mais aussi de l'Univers.*

❦ *Nous avons accès à un réservoir illimité d'idées. Toutes les connaissances, les découvertes et les inventions se trouvent dans l'Esprit universel en tant que possibilités, n'attendant que l'esprit humain pour être révélées. Vous détenez tout dans votre conscience.*

❦ *Nous sommes tous connectés, et nous sommes tous Un.*

❦ *Libérez-vous des difficultés de votre passé, de vos croyances culturelles et sociales. Vous êtes la seule personne qui puisse créer la vie que vous méritez.*

❦ *Un raccourci pour concrétiser vos désirs consiste à considérer ce que vous voulez comme étant un fait accompli.*

❦ *Votre pouvoir se trouve dans vos pensées. Demeurez donc conscient. Autrement dit : « Souvenez-vous de vous souvenir ».*

$$= \left[-e^{-t}t\right]_0^{\infty} - \int_0^{\infty} (-1)\, t^{a-1}\, dt \implies \Gamma(a+1) = a\Gamma(a)$$

$$\tfrac{1}{2}\Gamma\left(\tfrac{1}{2}t\right)^{-1/2}\, dt = \tfrac{1}{2}\lambda^{-(n+1)/2}\int_0^{\infty} e^{-\tfrac{1}{2}t}\, t^{-1/2}\, dt = \tfrac{1}{2}\lambda^{-(n+1)/2}\,\Gamma\left(\tfrac{n+1}{2}\right)$$

$$I_1(\lambda) = \tfrac{1}{2\lambda},\quad I_2(\lambda) = \tfrac{1}{4}\sqrt{\tfrac{\pi}{\lambda}},\quad I_3(\lambda) = \tfrac{1}{2\lambda^2},\quad I_6(\lambda) = \tfrac{3}{8}\sqrt{\tfrac{\pi}{\lambda^5}}$$

$$x = \begin{cases} 2\ln & \text{si } n = 0,2,4,\ldots \\ 0 & \text{si } n = 1,3,5,\ldots \end{cases}$$

Le Secret et la vie

NEALE DONALD WALSCH
AUTEUR, CONFÉRENCIER INTERNATIONAL ET MESSAGER SPIRITUEL

Dans le ciel, il n'y a pas de tableau noir sur lequel Dieu a inscrit votre but, votre mission dans la vie. Il n'y a pas de tableau noir dans le ciel où il est écrit : «Neale Donald Walsch. Bel homme ayant vécu au 21ᵉ siècle et qui…» Et puis, un blanc. Tout ce que j'aurais à faire pour comprendre ce que je fais ici, pourquoi je suis ici, serait de trouver ce tableau noir et de découvrir ce que Dieu a réellement en tête à mon sujet. Mais ce tableau noir n'existe pas.

Donc, votre but est celui que vous vous fixez vous-même. Votre mission est la mission que vous vous donnez. Votre vie sera telle que vous la créerez, et personne ne portera de jugement à cet égard, ni maintenant ni jamais.

C'est à vous d'inscrire ce que vous voulez sur le tableau noir de votre vie. Si vous n'y avez inscrit que ce que le passé vous a laissé comme bagage, effacez tout. Effacez tout ce qui ne vous apporte rien, et soyez reconnaissant que ce passé vous ait conduit là où vous vous trouvez maintenant, c'est-à-dire à l'aube d'un nouveau départ. Votre ardoise est vierge, et vous pouvez repartir de zéro, ici, dès maintenant. Trouvez votre joie et vivez-la !

JACK CANFIELD

Il m'a fallu bien des années pour arriver là où j'en suis, car j'ai grandi avec l'idée qu'il y avait vraiment quelque chose que je devais accomplir, et que si je ne réussissais pas, Dieu serait mécontent de moi.

Lorsque j'ai réellement compris que mon but premier était de ressentir de la joie et de la vivre, alors j'ai commencé à ne faire que des choses qui m'apportent de la joie. J'ai un adage : « Si ce n'est pas amusant, ne le fais pas ! »

NEALE DONALD WALSCH

La joie, l'amour, la liberté, le bonheur, la vie. Voilà ce qui compte. Et si vous connaissez la joie en faisant de la méditation pendant une heure, eh bien faites-le, bon sang ! Si vous connaissez la joie en mangeant un sandwich au saucisson, alors faites-le !

JACK CANFIELD

Lorsque je caresse mon chat, je connais la joie. Lorsque je marche dans la nature, je connais la

joie. Je souhaite donc constamment ressentir ce bonheur, et pour cela, je n'ai qu'à nourrir l'intention de ce que je veux, et ce que je veux se manifeste alors dans ma vie.

Faites les choses que vous aimez et cela vous procurera de la joie. Si vous ne savez pas ce qui vous apporte de la joie, posez-vous la question suivante : *« Qu'est-ce qui est ma joie ? »* Et lorsque vous la trouverez et vous engagerez envers elle, envers la joie, la loi de l'attraction déversera dans votre vie une avalanche de choses, de gens, de circonstances et d'événements qui vous apporteront cette joie, et tout cela uniquement parce qu'elle irradiera de vous.

Dʳ John Hagelin

Le bonheur intérieur est en fait le combustible du succès.

Soyez heureux *maintenant*. Sentez-vous bien *maintenant*. C'est tout ce que vous avez à faire. Si c'est l'unique bienfait que vous aurez retiré de la lecture de cet ouvrage, vous aurez alors saisi l'essentiel du Secret.

Dʳ John Gray

Tout ce qui vous procure du bien-être attirera toujours des circonstances similaires.

Vous lisez ce livre en ce moment même. C'est vous qui l'avez attiré dans votre vie, et il n'appartient qu'à vous de décider si vous l'acceptez et l'utiliserez, s'il contribue à votre bien-être. S'il ne le fait pas, alors mettez-le de côté. Trouvez quelque chose qui fera en sorte que vous vous sentiez bien, quelque chose qui vibre au rythme de votre cœur.

La connaissance du Secret vous est offerte, et ce que vous en ferez repose entièrement entre vos mains. Tout ce que vous choisirez pour Vous est bon. Que vous choisissiez de l'utiliser, ou que vous choisissiez de ne pas l'utiliser, vous devez faire un choix. Cette liberté de choisir est vôtre.

« Lorsque tu poursuivras ton bonheur, des portes s'ouvriront où tu ne pensais pas en trouver ; et où il n'y aurait pas de portes pour un autre. »

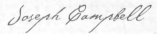

Joseph Campbell

LISA NICHOLS

Lorsque vous poursuivez votre bonheur, vous vivez dans un monde de joie perpétuelle. Vous vous ouvrez à l'abondance de l'Univers. Vous êtes excité à l'idée de partager votre vie avec ceux que vous aimez et votre excitation, votre passion, votre bonheur deviennent contagieux.

D^R JOE VITALE

C'est ce que je fais presque tout le temps, je poursuis mon excitation, ma passion, mon enthousiasme, et je le fais tout au long de la journée.

BOB PROCTOR

Soyez reconnaissant à la vie, car la vie est phénoménale ! C'est un voyage grandiose !

MARIE DIAMOND

Vous vivez dans une réalité différente, une vie différente. Et les gens vous regarderont et diront : « Que faites-vous que je ne fais pas ? » Eh bien, la seule différence, c'est que vous utilisez Le Secret.

MORRIS GOODMAN

Et puis vous pourrez faire, avoir et être tout ce que les autres disaient qu'il serait impossible que vous fassiez, ayez ou soyez.

DR FRED ALAN WOLF

Nous entrons réellement dans une ère nouvelle. Une ère où la dernière frontière n'est pas l'espace, comme dans « Star Trek », mais bien l'Esprit.

DR JOHN HAGELIN

Je vois un avenir rempli de potentiel illimité, de possibilités infinies. Rappelez-vous que l'être humain n'utilise tout au plus que 5 % du potentiel de son esprit. La totalité du potentiel humain est le produit d'une éducation adéquate. Donc, imaginez un monde où les gens utiliseraient pleinement leur potentiel cérébral et émotionnel. Nous pourrions aller n'importe où. Nous pourrions tout faire. Nous pourrions réaliser n'importe quoi.

Cette époque sur notre glorieuse planète est la plus merveilleuse des époques de l'histoire. Nous allons voir et faire l'expérience de l'impossible devenant possible, dans toutes les sphères de l'activité humaine, dans tous les domaines. En éliminant toute pensée axée sur la restriction, et en *sachant* que nous sommes illimités, nous connaîtrons la magnificence infinie de l'humanité, s'exprimant par le sport, la santé, l'art, la technologie, la science et tout autre champ de créativité.

Embrassez votre magnificence

BOB PROCTOR

Visualisez-vous avec toutes ces bonnes choses que vous désirez. Tous les écrits religieux nous l'enseignent, tous les grands ouvrages de philosophie, tous les grands leaders et les grands maîtres qui nous ont précédés. Prenez la peine d'étudier les plus grands. Plusieurs d'entre eux vous ont été présentés dans cet ouvrage. Ils comprennent tous une chose. Ils comprennent Le Secret. Maintenant, vous le comprenez aussi. Et plus vous l'utiliserez, mieux encore vous le comprendrez.

Le Secret est en vous. Plus vous utiliserez ce pouvoir qui vous habite, plus vous l'attirerez à vous. Vous atteindrez un point où il ne sera plus nécessaire de vous exercer, car vous SEREZ le pouvoir, vous SEREZ la perfection, vous SEREZ la sagesse, vous SEREZ l'intelligence, vous SEREZ l'amour, vous SEREZ la joie.

LISA NICHOLS

Vous êtes arrivé à ce carrefour de votre vie tout simplement parce qu'une petite voix intérieure n'a cessé de vous dire : « Tu mérites d'être heureux. » Vous êtes né pour apporter quelque chose à ce monde, pour y ajouter de la valeur. Pour simplement être plus grand et meilleur que vous ne l'étiez hier.

Absolument tout ce que vous avez vécu, tout ce que vous avez connu, ne visait qu'à vous préparer à ce moment présent. Imaginez tout ce que vous pourrez faire à partir d'aujourd'hui avec ce que vous savez maintenant. Vous savez maintenant que vous êtes le créateur de votre destinée. Alors, que vous reste-t-il à accomplir ? Que vous reste-t-il à devenir ? Combien de personnes devez-vous encore bénir, par votre seule présence ? Que ferez-vous de ce moment ? Personne d'autre que vous ne peut danser à votre place, personne ne peut chanter à votre place, personne ne peut écrire votre histoire. Qui vous êtes, ce que vous êtes commence dès maintenant !

MICHAEL BERNARD BECKWITH

Je crois que vous êtes merveilleux, qu'il y a quelque chose de magnifique en vous. Peu importe ce qui a pu se passer dans votre vie. Peu importe votre âge. Dès

l'instant où vous commencez à «bien penser», ce petit quelque chose qui est en vous, ce pouvoir plus grand que le monde, commencera à émerger. Il prendra votre vie en main. Il vous nourrira. Il vous vêtira. Il vous guidera, vous protégera, vous dirigera, vous soutiendra pendant toute votre existence. Si vous le lui permettez. De tout cela, je suis certain.

La Terre parcourt son orbite pour Vous. Les marées océanes montent et descendent pour Vous. Les oiseaux chantent pour Vous. Le soleil se lève et se couche pour Vous. Les étoiles brillent pour Vous. Toutes les belles choses que vous voyez, tous les moments merveilleux que vous vivez, ne sont là que pour Vous. Regardez autour de vous. Rien n'existe sans Vous. Peu importe qui vous pensiez être, vous connaissez maintenant la Vérité, vous savez qui vous êtes réellement. Vous êtes le maître de l'Univers. Vous êtes l'héritier du royaume. Vous êtes la perfection de la Vie. Et vous connaissez maintenant Le Secret.

Que la joie soit avec vous !

« Le secret est la réponse à tout
ce qui a été, est, et sera. »

Ralph Waldo Emerson

Le Secret en bref

🌿 *Vous devez remplir le tableau noir de votre vie avec tout ce que vous voulez.*

🌿 *Il suffit de* vous sentir bien maintenant.

🌿 *Plus vous utiliserez le pouvoir qui vous habite, plus de pouvoir vous attirerez.*

🌿 *Le moment d'embrasser votre magnificence est maintenant.*

🌿 *Nous sommes au beau milieu d'une ère glorieuse. En éliminant toutes les pensées axées sur la restriction, nous découvrirons la véritable magnificence de l'humanité, dans tous les domaines de la création.*

🌿 *Faites ce que vous aimez. Si vous ne savez pas ce qui vous procure de la joie, demandez-vous : «Quelle est ma joie?» En vous engageant envers celle-ci, vous en attirerez à profusion dans votre vie, uniquement parce qu'elle irradiera de vous.*

🌿 *Maintenant que vous connaissez Le Secret, ce que vous en ferez dépend de vous. Tout ce que vous choisirez est bon. Le pouvoir est entièrement vôtre.*

Biographies

JOHN ASSARAF

Ancien enfant de la rue, John Assaraf est aujourd'hui un auteur à succès de renommée internationale, un conférencier et un conseiller auprès des entreprises. Il s'est engagé à aider les entrepreneurs à créer de grandes fortunes tout en menant une vie extraordinaire. John a consacré les 25 dernières années à effectuer des recherches sur le cerveau humain, la physique quantique et les stratégies d'entreprises, et sur leur relation avec la réussite personnelle et professionnelle. En appliquant les connaissances acquises, John a érigé à partir de zéro quatre entreprises multimillionnaires, et il fait maintenant bénéficier les entrepreneurs et les propriétaires de petites entreprises du monde entier de ses idées uniques à l'égard de la création d'entreprises et de l'acquisition de richesses. Pour en savoir davantage, consultez www.onecoach.com.

MICHAEL BERNARD BECKWITH

Michael Bernard Beckwith, un progressiste non aligné et transreligieux, a fondé en 1986 l'Agape International Spiritual Center, qui compte 10 000 membres aux États-Unis et des centaines de milliers d'amis et d'affiliés à travers le monde. Il participe à des tables rondes internationales aux côtés de sommités spirituelles telles que le dalaï-lama, Dr A.T. Ariyaratne, le fondateur de Sarvodaya, et Arun Gandhi, le petit-fils de Mohandas K. Gandhi. Il est le cofondateur de l'Association for Global New Thought, dont les congrès annuels rassemblent des scientifiques, des économistes, des artistes et des leaders spirituels qui font autorité en matière de développement du potentiel humain.

M. Beckwith enseigne la méditation et la prière scientifique, anime des retraites, et agit comme orateur lors de conférences et de séminaires. Il est le créateur du Life Visioning Process, et l'auteur d'*Inspirations of the Heart*, *40 Day Mind Soul Feast* et *A Manifest of Peace*. Plus de plus amples informations, consultez www. Agapelive.com.

GENEVIEVE BEHREND

(ENVIRON 1881–ENVIRON 1960)

Genevieve Behrend a étudié avec le prestigieux juge Thomas Troward, l'un des premiers professeurs de métaphysique spirituelle et l'auteur de *Mental Science*. Thomas Troward a choisi Genevieve Behrend comme unique élève, et elle a pris la relève en agissant comme professeure, conférencière et praticienne de la « science mentale » en Amérique du Nord pendant 35 ans. Elle est également l'auteure des populaires ouvrages intitulés *Your Invisible Power* et *Attaining Your Heart's Desire*.

LEE BROWER

Lee Brower est le fondateur et président-directeur général d'Empowered Wealth, une firme d'experts-conseils qui offre aux entreprises, aux fondations, aux familles et aux individus des systèmes et des solutions leur permettant d'accroître leurs actifs financiers, mais aussi de maximiser leur potentiel, leur expérience et leurs contributions. Il est également le fondateur de The Quadrant Living Experience, une firme-conseil qui accrédite et forme un réseau international de conseillers. Lee est le coauteur de *Wealth Enhancement and Preservation* et l'auteur de *The Brower Quadrant*. Ses deux sites Internet sont www. empoweredwealth.com et www.quadrantliving.com.

JACK CANFIELD

Jack Canfield, l'auteur de l'ouvrage intitulé *Le Succès selon Jack²* est également le coauteur du phénoménal succès de librairie figurant sur la liste des succès de l'heure du *New York Times*, *Bouillon de poulet pour l'âme*, une série qui a été vendue jusqu'à maintenant à plus de 100 millions d'exemplaires. Il est le spécialiste de l'heure en Amérique lorsqu'il s'agit de trouver des solutions innovatrices et d'assurer la réussite d'entrepreneurs, de dirigeants d'entreprises, de directeurs, de professionnels de la vente, d'employés et d'éducateurs. Il a également aidé des centaines de milliers d'individus à concrétiser leurs rêves. Pour davantage d'information sur Jack Canfield, consultez www. jackcanfield.com.

ROBERT COLLIER (1885-1950)

Robert Collier était un écrivain américain prolifique et il a connu un énorme succès. Tous ses ouvrages, dont *The Secret of the Ages* et *Riches within Your Reach*, sont fondés sur le fruit de recherches exhaustives dans le domaine de la métaphysique et sur sa croyance personnelle voulant que le succès, le bonheur et l'abondance sont aisément et légitimement atteignables par tous. Les extraits contenus dans cet ouvrage ont été tirés de la série en sept volumes, *The Secret of the Ages*, grâce au généreux consentement des Robert Collier Publications.

Dᴿ JOHN F. DEMARTINI, D.C., B.SC.

Ayant autrefois été diagnostiqué déficient intellectuel, John Demartini est aujourd'hui docteur, philosophe, auteur et conférencier international. Pendant de nombreuses années, il a dirigé une clinique de chiropractie prospère et il a déjà été nommé Chiropraticien de l'année. Le Dᴿ Demartini est maintenant consultant auprès de professionnels de la santé, et il donne des conférences et écrit sur des sujets tels que la guérison et la philosophie. Ses méthodes de transformation personnelle ont aidé des milliers de gens à trouver le bonheur et un meilleur équilibre dans leur vie. Son site Internet est www.drdemartini.com.

MARIE DIAMOND

Marie est une spécialiste du feng shui mondialement reconnue. Elle pratique depuis plus de 20 ans, raffinant des connaissances qui lui ont été transmises à un jeune âge. Elle a conseillé de nombreuses célébrités hollywoodiennes, de grands cinéastes et producteurs de films, des géants de la musique et des auteurs célèbres. Elle a aidé un grand nombre de personnages publics à mieux réussir dans tous les domaines de leur vie. Marie a créé les programmes Diamond Feng Shui, Diamond Dowsing et Inner Diamond Feng Shui pour faire le lien entre sa théorie et la loi de l'attraction dans l'environnement des individus. Son site Internet est www.mariediamond.com.

MIKE DOOLEY

Mike n'est pas un professeur ou un conférencier « de carrière ». À titre d'« aventurier de la vie », il a plutôt navigué avec succès dans les arènes du monde des affaires et de l'entrepreneuriat. Après avoir vécu un peu partout dans le monde alors qu'il était à l'emploi de Price Waterhouse, il a cofondé en 1989 Totally Unique Thoughts (TUT) afin de vendre au détail et en gros sa propre gamme de produits stimulants. Partie de zéro, TUT est devenue une chaîne de magasins régionale, ses produits ont été offerts dans tous les grands magasins des États-Unis, et ont rejoint les consommateurs du monde entier grâce à des centres de distribution situés au Japon, en Arabie saoudite et en Suisse, vendant plus d'un million de T-shirts® Totally Unique.

En 2000, Mike Dooley a transformé TUT en un Club d'aventuriers virtuels inspirant et philosophique qui compte maintenant plus de 60 000 membres dans plus de 169 pays. Il est l'auteur de plusieurs ouvrages, dont *Notes from the Universe*, en trois volumes et *Infinite Possibilities : The Art of Living Your Dreams*, un programme audio encensé par la critique à l'échelle internationale. Vous pourrez en apprendre davantage sur Mike et TUT en consultant www.tut.com.

BOB DOYLE

Bob Doyle est le concepteur et l'animateur-formateur du programme Wealth Beyond Reason, un cours multimédia portant sur la loi de l'attraction et son application. Bob met l'accent sur la science de la loi de l'attraction pour vous aider à mieux la canaliser dans votre vie, et à attirer la richesse, le succès, des relations harmonieuses et tout ce que vous désirez. Pour davantage d'information, consultez www.wealthbeyondreason.com.

HALE DWOSKIN

Auteur du best-seller intitulé *The Sedona Method*, cité par le *New York Times*, Hale Dwoskin se consacre à délivrer les gens de leurs croyances restrictives de façon à les aider à concrétiser tout ce que leur cœur désire. *La Méthode de Sedona* est une technique unique et puissante qui vous enseigne à vous libérer de vos croyances, attitudes et sentiments contraignants et douloureux. Hale enseigne ces principes à des entreprises et à des individus à travers le monde depuis 30 ans. Son site Internet est www.sedona.com.

MORRIS GOODMAN

Surnommé l'« homme miracle », Morris Goodman a fait les manchettes en 1981 lorsqu'il s'est remis d'horribles blessures après que son avion s'est écrasé. On lui avait dit qu'il ne marcherait ni ne parlerait plus jamais, et qu'il serait incapable de mener une vie normale. Aujourd'hui, il parcourt la planète et livre un message inspirant et encourageant à des milliers de gens en leur racontant son histoire. Son épouse, Cathy Goodman, figure également dans le film *Le Secret*. Elle nous livre un témoignage touchant sur l'autoguérison. Pour en savoir plus, consultez www. themiracleman.com.

JOHN GRAY, PH.D.

John Gray est l'auteur de l'ouvrage intitulé *Les hommes viennent de Mars, les femmes viennent de Vénus*, le plus grand des best-sellers traitant des relations hommes-femmes de la dernière décennie, avec plus de 30 millions d'exemplaires vendus. Il a également écrit 14 autres best-sellers, et il anime des séminaires devant des milliers de participants. Son but est d'aider les hommes et les femmes à se comprendre, à se respecter et à comprendre leurs différences, dans leurs relations tant personnelles que professionnelles. Son dernier ouvrage s'intitule *The Mars and Venus Diet and Exercise Solution*. Pour en apprendre davantage, consultez www.marsvenus.com.

CHARLES HAANEL (1866-1949)

Charles Haanel était un homme d'affaires américain prospère et il est l'auteur de plusieurs ouvrages qui exposent les idées et les méthodes qu'il a lui-même utilisées pour réussir dans sa propre vie. Son ouvrage le plus célèbre est *The Master Key System*. Offrant 24 leçons hebdomadaires à ceux qui souhaitent atteindre la grandeur, il est encore aussi populaire qu'à sa parution en 1912.

JOHN HAGELIN, PH.D.

Reconnu mondialement, John Hagelin est physicien quantique, éducateur et spécialiste de la politique publique. Son ouvrage intitulé *Manual for a Perfect Government* propose

des solutions aux principaux problèmes sociaux et envi-
ronnementaux, ainsi qu'un modèle de paix mondiale basé
sur des politiques qui sont en harmonie avec les lois de la
nature. John Hagelin a reçu le prestigieux prix Kilby, qui
récompense les scientifiques qui ont apporté des contributions majeures à la société. Il a également été candidat
aux présidentielles de 2000 pour le Natural Law Party.
Nombreux sont ceux qui considèrent que John est l'un
des plus grands scientifiques de notre époque. Son site
Internet est www.hagelin.org.

BILL HARRIS

Bill Harris est conférencier professionnel, professeur et
propriétaire d'entreprise. Après avoir étudié les résultats
des recherches anciennes et modernes sur la nature de
l'esprit et les techniques transformationnelles, Bill a créé
Holosync, une technologie audio qui procure les bienfaits
de la méditation profonde. Son entreprise, Centerpointe
Research Institute, a permis à des milliers de gens à
travers le monde de mener une vie plus heureuse et
exempte de stress. Pour en savoir plus, consultez
wwww.centerpointe.com.

Dᴿ BEN JOHNSON, M.D., N.M.D., D.O.

Après avoir fait des études de médecine traditionnelle, le
Dʳ Johnson s'est intéressé à la guérison par l'énergie après
avoir surmonté une maladie potentiellement mortelle au
moyen de méthodes non conventionnelles. Il s'intéresse
principalement aux codes de guérison, une forme de trai-
tement découverte par le Dʳ Alex Lloyd. Aujourd'hui, Ben
Johnson et Alex Lloyd dirigent The Healing Codes
Company, une entreprise qui leur permet de transmettre
leurs connaissances. Pour en savoir plus, consultez
www.healingcodes.com.

LORAL LANGEMEIER

Loral Langemeier est la fondatrice de Live Out Loud, une entreprise qui offre formation et soutien aux gens qui souhaitent atteindre leurs buts financiers. Elle croit que la mentalité est à la base de l'acquisition de richesses et elle a aidé de nombreuses personnes à devenir millionnaires. Loral s'adresse aux individus et aux entreprises et elle leur transmet ses connaissances et son expertise. Son site Internet est www.liveoutloud.com.

PRENTICE MULFORD

(1834-1891)

L'écrivain Prentice Mulford a été l'un des précurseurs du mouvement de la Pensée nouvelle et il a vécu en reclus pendant presque toute sa vie. Il a influencé d'innombrables écrivains et professeurs avec son œuvre qui traite des lois mentales et spirituelles. Parmi celles-ci, on compte *Thoughts Are Things* et *The White Cross Library*, un recueil de ses nombreux essais.

LISA NICHOLS

Lisa Nichols est une ardente partisane de l'autonomisation. Elle est la fondatrice et la présidente-directrice générale de Motivating the Masses et de Motivating the Teen Spirit, deux programmes de formation polyvalents destinés à apporter de profonds changements dans la vie des adolescents, des femmes et des entrepreneurs, ainsi qu'à offrir des services au système d'éducation, aux entreprises et à des organismes d'autonomisation et religieux. Lisa est la co-auteure de *Chicken Soup for the African American Soul*, un ouvrage faisant partie de la série mondialement connue, *Bouillon de poulet pour l'âme*. Son site Internet est www.lisa-nichols.com.

Bob Proctor

La sagesse de Bob Proctor est le résultat d'un héritage que se sont transmis de nombreux grands maîtres. Tout a commencé avec Andrew Carnegie, qui l'a transmise à Napoleon Hill, qui l'a ensuite confiée à Earl Nightingale, qui a finalement passé le flambeau à Bob Proctor. Bob a travaillé dans le domaine du potentiel de l'esprit pendant plus de 40 ans. Il parcourt la planète en enseignant les principes du Secret, aidant les entreprises et les individus à se façonner une vie de prospérité et d'abondance grâce à la loi de l'attraction. Il est l'auteur du best-seller international intitulé *Potentiel illimité*. Pour en apprendre plus à propos de Bob, consultez www.bobproctor.com.

James Arthur Ray

Ayant étudié les principes de la véritable prospérité pendant toute sa vie, James a développé The Science of Success et Harmonic Wealth®, des programmes qui enseignent aux gens à obtenir des résultats illimités dans tous les domaines : financièrement, sur le plan relationnel, intellectuellement, physiquement et spirituellement. Ses systèmes de rendement personnel, ses programmes de formation destinés aux entreprises et ses outils d'encadrement sont utilisés à travers le monde. Il participe régulièrement à des conférences traitant de la véritable prospérité, du succès et du potentiel humain. James est également un spécialiste de nombreuses traditions orientales, indigènes et mystiques. Son site Internet est www.jamesray.com.

David Schirmer

David Schirmer est un contrepartiste très prospère, un investisseur et un formateur dans le domaine de l'investissement. Il anime des ateliers, des séminaires et des cours. Son entreprise, Trading Edge, enseigne aux gens à s'assurer des revenus illimités en développant une mentalité axée sur la prospérité. Son analyse du marché des actions et des bourses de marchandises en Australie et outremer est tenue en haute estime étant donné la justesse de ses prévisions. Pour en apprendre davantage, consultez www.tradingedge.com.au.

MARCI SHIMOFF, MBA

Marci Shimoff est la coauteure des très populaires *Chicken Soup for the Woman's Soul* et *Chicken Soup for the Mother's Soul*. Elle est une leader dans le domaine des techniques transformationnelles et parle avec passion du développement personnel et du bonheur. Son travail vise tout particulièrement l'amélioration de la vie des femmes. Elle a également cofondé The Esteem Group, une entreprise dont elle assure la présidence et qui propose aux femmes des programmes d'estime de soi et de valorisation. Son site Internet est www.marcishimoff.com.

Dʀ JOE VITALE, MSc.D.

Joe Vitale, qui était sans domicile fixe il y a 20 ans, est maintenant considéré comme l'un des plus grands spécialistes du marketing au monde. Il a écrit de nombreux ouvrages traitant des principes du succès et de l'abondance, dont *Life's Missing Instruction Manual*, *Hypnotic Writing* et *Le Facteur d'attraction*[3], tous des succès de librairie. Joe détient un doctorat en science métaphysique et il est hypnothérapeute agréé, praticien métaphysique, guide spirituel et guérisseur Chi Kung. Pour en savoir plus, consultez www.mrfire.com.

Dʀ DENIS WAITLEY, PH.D.

Denis Waitley est l'un des auteurs, conférenciers et consultants dans le domaine du rendement et des réalisations humaines les plus respectés en Amérique. Il a donné une formation aux astronautes de la NASA et il a plus tard appliqué le même programme auprès d'athlètes olympiques. Son album audio, *The Psychology of Winning* est le programme de maîtrise de soi le plus vendu. Il est également l'auteur de 15 ouvrages généraux, dont plusieurs sont des succès de librairie à l'échelle internationale. Son site Internet est www.waitley.com.

NEALE DONALD WALSCH

Neale Donald Walsch est un messager spirituel des temps modernes et l'auteur de la célèbre trilogie d'avant-garde intitulée *Conversations avec Dieu*[4], qui a battu tous les records sur la liste des best-sellers du *New York Times*. Neale a également publié 22 autres ouvrages, ainsi que des programmes vidéo et audio. Il voyage à travers le monde afin de livrer le message de la Spiritualité nouvelle. On peut communiquer avec lui en consultant www.nealedonaldwalsch.com.

WALLACE WATTLES (1860-1911)

L'Américain Wallace Wattles a consacré de nombreuses années à l'étude des diverses religions et philosophies avant de commencer à écrire sur la « Pensée nouvelle ». Ses nombreux ouvrages ont eu une influence significative sur ceux qui enseignent aujourd'hui les principes de la prospérité et du succès. Son ouvrage le plus célèbre est le classique intitulé *La Science de l'enrichissement*, d'abord publié en anglais en 1910.

DR FRED ALAN WOLF, PH.D.

Fred Alan Wolf est physicien, écrivain et conférencier. Il détient un doctorat en physique théorique. Il a enseigné dans de nombreuses universités à travers le monde et ses travaux dans le domaine de la physique quantique et de la conscience sont bien connus grâce à ses écrits. Il est l'auteur de 12 ouvrages, dont *Taking the Quantum Leap*, qui a remporté le National Book Award. Aujourd'hui, il continue à écrire et à prononcer des allocutions partout dans le monde. Il poursuit ses fascinantes recherches sur la relation qui existe entre la physique quantique et la conscience. Pour plus d'information, consultez www.fredalanwolf.com.

Notes

[1] Charles Haanel, *The Master Key System*, version française à paraître bientôt aux éditions Un monde différent.

[2] Jack Canfield, *Le Succès selon Jack*, publié aux éditions Un monde différent, Brossard, 2005, 576 pages.

[3] Joe Vitale, *Le Facteur d'attraction*, publié aux éditions Un monde différent, Brossard, 2006, 288 pages.

[4] Neale Donald Walsch, *Conversations avec Dieu*, tome I, produit aux éditions Un monde différent sous format de CD.

*Puisse le Secret vous apporter amour et
joie pendant toute votre vie.*

*Telle est mon intention pour vous,
et pour le monde.*

**Pour approfondir votre expérience du Secret,
consultez www.thesecret.tv**

« *En prenant connaissance du Secret,
vous découvrirez comment vous pouvez avoir,
être ou faire tout ce que vous voulez.
Vous découvrirez qui vous êtes vraiment.
Vous découvrirez la véritable magnificence
qui se trouve à votre portée.* »

PHOTO: KENDRA ABAY

L'auteure **RHONDA BYRNE**, comme chacun d'entre nous, a accompli son propre voyage d'exploration. En cours de route, elle a rassemblé une superbe équipe d'auteurs, de ministres du culte, de professeurs, de cinéastes, de designers et d'éditeurs afin de révéler au monde *Le Secret* et d'apporter la joie à des millions de gens grâce à sa vision.

Parmi ses collaborateurs, on compte John Assaraf, Michael Bernard Beckwith, Lee Brower, Jack Canfield, Dr John F. Demartini, Marie Diamond, Mike Dooley, Bob Doyle, Hale Dwoskin, Morris Goodman, Dr John Gray, Dr John Hagelin, Bill Harris, Dr Ben Johnson, Loral Langemeier, Lisa Nichols, Bob Proctor, James Arthur Ray, David Schirmer, Marci Shimoff, Dr Joe Vitale, Dr Denis Waitley, Neale Donald Walsch et Fred Alan Wolf, Ph.D.